大学生心理健康
与心理素质提升研究

陈 悦 著

中国财经出版传媒集团

经济科学出版社
Economic Science Press

图书在版编目（CIP）数据

大学生心理健康与心理素质提升研究/陈悦著. --
北京：经济科学出版社，2022.11
ISBN 978 - 7 - 5218 - 4194 - 7

Ⅰ. ①大… Ⅱ. ①陈… Ⅲ. ①大学生 - 心理健康 - 健
康教育 - 研究②大学生 - 心理素质 - 素质教育 - 研究
Ⅳ. ①G444

中国版本图书馆 CIP 数据核字（2022）第 203437 号

责任编辑：李　雪　刘　莎
责任校对：刘　娅
责任印制：邱　天

大学生心理健康与心理素质提升研究

陈　悦　著

经济科学出版社出版、发行　新华书店经销

社址：北京市海淀区阜成路甲 28 号　邮编：100142

总编部电话：010 - 88191217　发行部电话：010 - 88191522

网址：www. esp. com. cn

电子邮箱：esp@ esp. com. cn

天猫网店：经济科学出版社旗舰店

网址：http://jjkxcbs. tmall. com

固安华明印业有限公司印装

710 × 1000　16 开　12.75 印张　200000 字

2022 年 11 月第 1 版　2022 年 11 月第 1 次印刷

ISBN 978 - 7 - 5218 - 4194 - 7　定价：56.00 元

（图书出现印装问题，本社负责调换。电话：010 - 88191510）

（版权所有　侵权必究　打击盗版　举报热线：010 - 88191661

QQ：2242791300　营销中心电话：010 - 88191537

电子邮箱：dbts@ esp. com. cn）

前 言

21 世纪，在这个前所未有的崭新时代，大学生在迎来无限机遇的同时，也面对着前所未有的压力。当代大学生不仅背负着中华民族伟大复兴的重任，还承载着无数家庭与社会的期望。在这样的时代背景下，大学生作为心智尚未成熟的弱势群体，其心理健康也承受着极大的考验。

当代大学生在发展自身知识能力水平的同时，始终面临着自我冲突与社会适应等诸多难题，只有对此深入展开不断地探索和学习，大学生才能逐步走向成熟，真正将自己的能力和知识学以致用。加强大学生心理健康教育，促进学生个性发展，塑造学生健全人格，既可以充分发掘大学生的心理潜能，提升其心理素质和个人的全面修养水平，又可以提升其适应社会能力，推进其社会化进程，从而最大限度地实现其人生目标与社会价值，为实现个人与社会的和谐发展起到积极的促进作用。所以，对大学生展开科学合理的心理健康教育，既符合我国高校以人为本的科学发展观，又适应我国全面推进素质教育的切实需要。

大学生具有自我定位高、志向远大、成才愿望强烈等特点，但同样也有好高骛远、急功近利的弊病，在认知上容易产生非黑即白的判定，情感上单纯却也更容易冲动，诸如此类的问题所引发的恶性事件比比皆是，引人深思。因此，"大学生心理健康"

不仅是一个学术问题，还是一个实践问题，不仅需要学术上的分析和指导，还需要从实践中反思、寻解。

本书针对大学生在心理健康问题上存在的诸多误解，以及对自己的心理状态缺乏认知等普遍存在的现象进行深入探讨和剖析，再通过独立且具有代表性的案例小节，以真实的大学生经历和详尽的分析，尽可能对书中理论所涉及的各种心理困惑及难题，做深入浅出地解读。

本书结合大学生成长面临的任务，重点论述了与大学生心理健康密切相关的几大核心内容：大学生自我发展、人际交往、环境适应、人格完善、情绪管理、恋爱、挫折、学习和生命教育，并在每一章的最后一节单独设置案例与分析内容。本书在内容上既重视介绍心理学的有关知识，阐明大学生心理发展的规律与特点，又密切联系当代大学生在现实中存在的心理问题，这些对于指导大学生开展心理健康教育活动，培养大学生积极进取、奋发向上的人生态度，塑造健全人格，提高大学生整体心理素质，具有指导意义。

本书语言深入浅出、逻辑通畅、结构紧凑、内容丰富，既可作为大学生心理健康学习的教材，也可作为大学生心理问题的案例指导，可以学用兼顾。由于作者水平有限，不足之处难免，敬请广大读者批评指正。

成都理工大学马克思主义学院副教授　陈　悦
2022 年 6 月

目 录
CONTENTS

第一章

知人者智，自知者明：
大学生自我发展

第一节 自我意识概述

自我意识的确立是大学生心理成熟的重要标志之一，对大学生人格的形成、心理发展有着重要作用。大学阶段的自我意识是进入大学之前的自我意识的继承与深化，但与过去相比又有着质的不同。大学期间，由于生活及学习方式的改变，大学生的自我意识开始从分化、矛盾逐步走向统一，而这一过程，对于大学生的整个人生的发展，有着特别重要的意义。

一、自我意识的含义

自我意识也称自我，是指个体对自己身心状态的认识和体验。自我意识是个体通过观察、分析外部活动及情境、社会比较等途径获得的，是一个多维度、多层次的心理系统。平时我们常说，"我觉得我观察问题有点粗心大意"，"我觉得我是个急性子的人"，"我认为我能完成这项工作"，"我觉得我对某某的感情发生了变化"等，这些对自己的感知觉、情感、意志等心理活动的意识，对自己与客观世界的关系，尤其是人我关系的意识，以及对自身机体状态的意识，都属于自我意识之列。一般来说，它包括以下三个方面的内容。

（一）个体对自身生理状态的认识和体验

主要包括个体对自己的身体、性别等特征的认识，如对自己的身高、体重、相貌和身材等的认识，而相关体验会给个体带来各种各样的心态或情绪，比如对于自己身材不满而产生的自卑情绪。

（二）个体对自身心理状态的认识和体验

对于自身心理状态的认识和体验，相比生理状态带来的认识和体验更为复杂，其内容也更加隐晦。比如一个人对于自身情绪状态的认识，对于自身性格的评价等，这些因素相比于身高、体重等更加内化，自我审视的标准也具有较强的主观性。个体对于自身心理状态的认识和体验，是基于社会比较而产生的结果，这一层面的自我认识，开始涉及辩证的思维，意味着个体开始能够一分为二地看待和评价自己。

（三）个体对自己与周围关系的认识和体验

个体对自己与周围关系的认识和体验是指个体对自己在群体中的地位、作用以及自己和他人的关系的认识、评价和体验。如果一个人认为周围的人不喜欢自己，不接纳自己，自己找不到知心朋友，就会感到孤独、寂寞。

在人际关系中，影响个体自我意识的因素包括他人对自己的态度和评价、自身的生活环境和成长经历等，特别是他人对自己的评价，尤其是对自己有着重要影响地位的人——如父母、家人、老师、朋友、同学等的评价，会对自我意识的发展产生深远的影响。

二、自我意识的结构

自我意识是人对自身存在的觉察和认识，涉及多个维度，对一个人行为的作用也存在多种方式。

（一）从形式上划分

从形式上看，自我意识具有自我认知、自我体验和自我控制三个子系统。

自我认知是对自己的洞察和理解，包括自我观念、自我观察和自我评价等。自我认知主要涉及"我是一个什么样的人"等问题。恰当地认识自我，实事求是地评价自己，是自我调节和人格完善的重要前提。

自我体验是伴随自我认识而产生的内心体验，是自我意识在情感上的表现，如自尊、自信、自卑等。自我体验主要涉及"我能否悦纳自己"等问题。自我体验可以使自我认识转化为信念，进而指导一个人的言行；同时，自我体验还能够伴随自我评价激励积极向上的行为或抑制不当行为。

自我控制是对自己的行为活动或对待他人和自己态度的调节，是自我意识在行为上的表现。自我控制主要涉及"我怎样能成为那样的人"等问题，它是实现自我意识调节作用的最终环节。

（二）从内容上划分

我们可以从内容上将自我意识分为生理自我、社会自我和心理自我。

生理自我，是指个人对自己的身体的意识，它使个体把客观事物与自己区分开来。生理自我是自我意识的最初形态。

社会自我，是指个人对自己在社会关系、人际关系中作用和地位的意识，以及对自己所承担的社会义务和权利的意识。社会自我是个体社会化的产物。

心理自我，就是个人对自己心理活动的意识。它是随着社会自我的出现而逐渐形成和发展的。

（三）从自我观念上划分

从自我认知中的自我观念来看（见图1-1），又分为现实自我、投射自我和理想自我。现实自我是个人从自己的立场出发对自己目前的实际状况的看法。

投射自我又称"镜中自我"，是个人想象中他人对自己的看法。如果一个人的现实自我与投射自我大体上一致，那么，个体就会有良好的自我认同感；反之，个体很可能会出现自我认同混乱，导致人格障碍。

理想自我是指个人想要达到的完善的形象。理想自我对个人的认识、情绪和行为有很大的影响。如果理想自我与现实自我的差距过大，以致根本无法达到，那么个体就会产生挫败感，并会累积成自卑感。

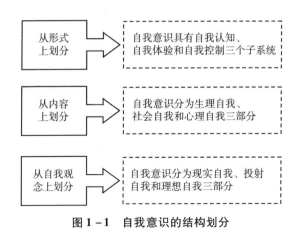

图1-1　自我意识的结构划分

第二节　大学生自我意识发展的特点及类型

人的自我意识不是生来就有的。刚出生的婴儿并无自我意识，除了简单的感觉和记忆外，甚至不能把自己和外界事物区分开，对于自己是一个什么样的人，婴儿是没有任何概念的。在以后不断成长的过程中，人的自我意识不断发展，又在不同的人生阶段呈现出不同的特点。大学生正处在人生全面发展的高峰时期，在这一阶段，大学生第一次作为一个完全独立的个体开始生活、学习和思考，所以说，大学阶段是自我意识发展的重要阶段。

一、大学生自我意识发展的特点

（一）自我认识水平显著提高

大学阶段是大学生自我意识发展的新阶段，随着生活环境的改变与适应，随着知识与实践机会的增多，其自我认识水平有着明显的提高。

自我认识从对自身外部特点发展到对自身内心品质。大学校园为青年学生打开了一个全新的世界，利于他们开阔视野，扩大信息量，加快成长的步伐。他们对自我的认识由外在的评价转移到未来社会对人才的需求以及自己所处的地位等。如人际交往过程中对自己外貌、身高、气质、性格及社会威信的认识，学习过程中对自我能力与智力的认识等。大学生对自我的认识以及对自我与周围关系的认识经历了一个由表及里、由浅入深的探究过程，在这个过程中，他们明确了自己在学校、社会中所承担的角色和所处的地位，也确立了自己的世界观、人生观，自我意识有了新的飞跃。

自我评价渐趋成熟。大学生普遍意识到自己需要独立地承担一定的社会义务，因此，往往通过自我观察、自我总结等手段多角度、多层次地分析评价自身优缺点，在自我评价中有较强的独立性，并从理性上辩证地看待和评价自己，以寻求合适的角色位置，这种逐渐成熟的自我评价，形成了相应的抱负和期望。

（二）自我体验不断丰富

自我体验丰富、深刻。丰富多彩的大学生活使大学生的自我体验表现出丰富性、深刻性的特点。如大学生在寒暑假参加社会实践、接触社会，了解了人民的生活状况，感受到祖国的变化，产生了强烈的责任感、义务感，对一些问题的认识更加深刻。

自我体验存在波动性。大学生在情绪与情感方面还存在不稳定性，对事物所持的态度和心理体验容易波动，有的学生可能因为一点小事就想不开，苦苦折磨自己，缺乏自信。而有的学生表现出争强好胜，希望别人尊重自己，具有强烈的自我保护意识。

自我体验存在闭锁性。在自我表现方面，大学生再也不像儿童那样天真和外露，他们可能会以含蓄的方式表现自己的内心看法和态度，还可能在行为上表现出与内心世界完全相反的情况。这增加了别人了解他们的困难，也使他们有不同程度的孤独感。

（三）自我调控能力不断增强

自我的独立性、自主性大大增强。大学生力图摆脱社会传统的束缚，要求按照自己的意志行动，独立自主的意向强烈。一是表现在自我确立行为的目标和规划上从依附性向独立性发展。主观上他们普遍有一种成人感，意识到自己是一个独立的个体；客观上新的环境要求他们做出相应调整，适应新生活，这就迫使他们具有强烈的参与欲与被承认欲，尽快学会独立生活。二是表现在执行行为的指向上，由盲目性向自主性发展，丰富的社会视角、活跃的环境，加强了大学生对自我选择的迫切性，使他们不断地调整原来的行动目标。

自我意识具有自律性。随着大学生自我评价思维的日益成熟，他们开始从他律阶段逐渐向自律阶段转化，道德义务感开始起作用，开始对正确的行为感到"问心无愧"，对不正确的行为感到不安而克制。但这种自律性常受到环境和心理等各种人为因素的影响，可塑性很大。

大学生的自我认识、自我体验、自我调控的发展，构成了大学生具有时代特征的自我意识状态。三者之间相互依存，相互影响。自我认识是自我体验与自我调控的前提与基础；自我体验又可成为自我认识和自我调控的动力；自我调控增强自我认识，加深自我体验。因此，只有不断提高自我认识水平，培养健康的自我体验，发展良好的自我调控，才能使大学生的自我意识发展达到一个更高更新的水平。

二、自我意识发展的类型

大学生来自五湖四海，每个大学生的家庭环境、家庭教育方式和人生目标等均存在较大差别，这就导致大学生的自我意识千差万别，具体表现为自我意识分化、矛盾、统一的途径不同，自我意识整合的结果与类型也不同。从自我意识的性质看，大学生自我意识的统一的结果主要表现在以下几个方面。

（一）自我肯定型

自我肯定，即对自我的认识比较清晰、理性、客观、全面、深刻。这种积极自我意识的特点是在经过痛苦的选择与调整之后，大学生逐渐成长成熟，使自己的理想自我与现实自我趋于统一，而且正确的理想自我占优势，主观自我与客观自我趋于一致。达成同一性的积极自我不仅了解自己的长处与优势，而且也了解自己的不足与劣势，既适应社会发展的需要又有助于自身成长。自我肯定型在大学生中占绝大多数。

（二）自我否定与自我夸大型

消极的自我意识同一有两种情形，即自我否定和自我夸大，都是不健康的同一。其特点是对自我评价不正确、理想自我不健全、缺乏实现理想自我的手段。

1. 自我否定型

由于失败与挫折经历的累积效应，自我否定型的大学生对现实自我的评价较低，缺乏自信，被理想自我和现实自我的差距所困扰，时常出现无价值感、无助感、自我排斥、自我否定。他们不但不接纳自己，而且自我拒绝、自我放弃、自我摧残，表现为没有活力、没有激情、没有生活目标。理想自我与现实自我无法对接，其结果则更加自卑，从而失去进取的动力。

2. 自我夸大型

与自我否定型完全相反，自我夸大型的大学生的自我评价较高，这类学生的理想自我在生活中占据主导，现实自我则常常"退居幕后"，所导致的结果往往包括自尊心过强、心理防御意识过强、易冲动、自大和自我陶醉等。这类学生在生活中表现为不愿意付出努力，在人际关系和感情上容易出现问题，当理想自我无法实现时，部分人会通过非道德甚至违法的手段来达成"自我实现"的目的。

（三）自我萎缩和自我矛盾型

自我意识难以统一，主要表现为：自我认知或高或低，自我评价动摇不定，自我体验或好或坏，自我调控时强时弱；各类自我难以协调整合；心理发展非常不稳定，有时自信而成熟，有时又自卑而幼稚，令人难以把握。其主要表现为自我萎缩和自我矛盾。

1. 自我萎缩型

自我萎缩型的大学生缺乏理想自我，对现实自我深感不满，可又觉得无能为力，得过且过，麻木冷漠、自暴自弃，消沉自堕、丧失信心，退缩归隐、闭门隔世，孤独寂寞、沮丧失志，严重的还可能导致精神分裂症或绝望轻生。

2. 自我矛盾型

自我矛盾型的大学生，内心自我冲突激烈，持续时间长，理想自我和现实自我难以同一，自我认知、自我体验、自我控制不稳定，缺乏"我是我"的统合感觉，而易于产生"我不是我""我不知我"的分离倾向。因此，新的自我无法同一。例如，有的大学生可能是既自信又自卑的人，有的可能是既诚实又虚伪的人。

第三节　大学生自我意识的评估与培养

一、大学生自我意识的评估

（一）自我意识评估的内容

自我意识评估包括对自我意识的内在心理活动和外在表现两方面的评估。

生理自我评估，也称为体像，是人们对自己身体外形以及身体功能的认识与评价，如高、矮、胖、瘦、柔、弱、雄、悍等。体像分为客观体像和主观体像两种。前者是人们直接从照片或镜子里所看到的自我形象，后者则指人们通过分析和判断别人对自己的反应而感知到的自我形象。

社会自我评估。个体对自己的社会人口特征，如年龄、性别、职业、政治学术团体会员资格以及社会名誉、地位的认识与估价。

心理自我评估。个体对自己智慧、能力、性格、道德水平等的认识与判断。

（二）自我意识评估的方法

1. 自我询问

自我询问的方法旨在通过给自身设置一系列的问题，来增强个体对自我意识的感知，可以用于自我询问的问题选项比较灵活，涉及的选项内容本身也是对自我意识的一种反映。

自我询问可以涉及的方向列举如下：

自己的形象如身高、相貌、气质等；

自己的能力如感知、思维、记忆力、智力等；

自己的审美、追求、价值观等；

自己的需要，来自自己的部分以及来自外界的部分。

值得一提的是，自我询问一般在个体遭遇问题的时候使用，能够起到立竿见影的评估效果，因为这时的自我询问往往带有反思的意向，不论是提出的问题还是问题的答案，都更容易"一针见血"。

2. 他人评估

"当局者迷，旁观者清。"自我意识的评估不仅需要通过自我询问，还要通过他人的评估并将两者结果进行结合来实现。他人评估的选项包括但不局限于自我询问的那些选项，正如前文所说，评估的选项本身也是对自我意识的客观反映，在他人评估的选项和自我询问的选项对比中，个体同样能够察觉到自我意识的优势与劣势所在。

3. 自我意识量表

自我意识量表可以通过科学准确的心理综合测量，帮助个体建立较为全面的自我认识。相关的自我意识量表有很多，这里不再赘述，但需要注意的是，许多经典的心理测量方法都是在西方文化背景下诞生的，并不完全适用于我国学生，在使用之前，教师要对量表下的项目进行甄别，剔除掉不适用的问题和选项，如条件允许，尽量选用中国心理研究的权威部门或权威人士根据经典蓝本制定的演进版本进行心理测量。

二、大学生培育自我意识的途径

（一）正确认识自我

正确地认识自我是培养育健全的自我意识的基础。而人的自我认识可以分成两方面，一方面是自我定性，就是对自己的性格、特长、兴趣、爱好以及家庭对自己的影响、性格的弱点等有一定的认识。另一方面就是自我反思，这是一个终身的过程。只有经常进行自我反思才是进步的前提，才不会自以为是。如前所述，认识自我主要有三条途径——经验法、比较法和反省法。

除此之外，大学生还要尽量拓宽自己的生活范围，通过各种途径获得丰富的信息，增加能够为自己提供参考的生活阅历，拓展交际空间，在自我评价体系之外，采纳外界对自己的评价，并认清自我与外界的关联，做到客观全面地自我认识。

（二）客观对待自我

1. 积极地接纳自我

接纳自我也指悦纳自我，是指一个人能够愉快、满意地接受自我。一个人的自我意识是否健全，是否能够适应社会，都是以其是否能够悦纳自我为关键的。悦纳自我的前提并非个体所拥有的财富或地位，虽然个体自我的形成，或多或少受生活环境的影响，但最关键的因素仍是个体的心理状态——当一个人能够以积极、乐观的态度看待自己的优势和短处，能够冷静面对得失，不过度夸大或贬低自我，能够直视自身现状并用发展的眼光来看待自我的时候，对于自我的接受和肯定就会变得顺理成章，而一旦个体能够正确地接纳真正的自我，一个乐观、自信、自强、自主的人格便能够树立起来了。

2. 良好地控制自我

自我控制是健全自我意识、完善自我的根本途径，是主动定向地改造自我的过程，也是个体对待自己的态度具体化的过程。因此，在从现实自我向理想自我实现的过程中，大学生要面对现实，从实际出发，排除各种干扰，合理定位，并在这一连续的自我呈现、自我管控、自我修正的调适系统运行过程中，努力培养自己良好的意志品质，从而做到自我的有效控制，最终实现理想自我。

（三）不断超越自我

马克思说过："人生有两大目标，一个是自我的完善，一个是创造人类的幸福。"这两大目标是统一的，前者属于追求自我价值，后者属于追求社会价值；一个伟大的人，两种价值缺一不可。自我成就、自我完善，最好的方式就体现在为社会服务当中。因此，完善自我是个体在认识自我、悦纳自我的基础上，自觉规划行为目标，主动调整自身行为，积极改造自己的个性，使个性全面发展以适应社会要求的过程，是个体自我同一的过程，也是其从个人"小我"走向社会"大我"的过程，在为他人和社会的服务中实现真正的自我价值的过程。这个过程是艰难而漫长的，是需要个体毕生不断完善的过程。它要求大学生根据社会的需要和自身的特点，本着科学的态度，辩证地看待社会，在社会实践当中，分析自我，把握自我，一步一个脚印地开拓与发展，最终走向理想的自我、完善的自我。

健康的自我意识是形成和谐身心的基础和关键。大学生自我意识的发展很不平衡，存在诸多不协调和矛盾的地方，其中的许多消极因素会严重妨碍大学生自我意识的发挥。因此，大学生要想达成自我实现，就要在健全自我意识的同时，对自己的心态积极调控，学会辩证的思维方式，提升自身的心理素质和思维能力（见图 1-2）。

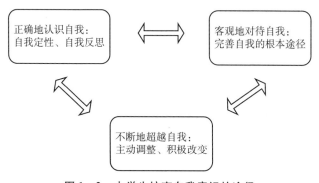

图 1 - 2 大学生培育自我意识的途径

第四节 悦纳自我——大学生自我意识 发展案例分析

进入青春期后，大学生的自我意识会出现一个"分化—冲突—统一"的过程，这是大学生自我意识不断发展，趋于成熟的必经之路。

案例 1 我的未来在哪里？

王峰是一名大二的学生，高中时期，他就在心里暗暗决定，一定要考上一所理想的大学，为此，高中三年他奋勇拼搏，为着心中的目标坚持不懈，最终在高考结束后，收到了大学的录取通知书。但是王峰对这个结果并不满意，只因他考上的学校并不是自己心仪的一本大学，而是本市的一所普通高校。不情不愿地来到大学这个新环境后，他便将自己封闭起来，整日郁郁寡欢，不愿意和别人交往。再加上王峰相貌平平，并不优越的家庭环境让他本身毫无自信，班上同学便很少注意到他的存在。察觉到自己的渺小后，他的自卑感也变得越来越严重，整日在麻木和浑噩中度过。

由于王峰再也不复高中时的努力，他的成绩较高中阶段下降很多，上学期他好几门功课需要补考，而老师失望的表情亦加重了他的自卑心理。

王峰知道自己目前的生活很消极、很颓废，他很想改变，却不知从何做起，更不知自己的未来在哪里。

案例分析：

王峰原本是个优秀努力的学生，只因高考的结果不如预期，自信心便受到了严重打击。而大学期间，他的自甘堕落、不思上进，也使他陷入了失败的恶性循环之中，这些遭遇都使他的心理负担变得越来越重，再也无法摆脱自卑心理，于是对自己的优点越发视而不见，却将自己的缺点无限放大。正因无法正确地认识、评价自己的能力，他才无力挣脱目前糟糕的处境，仿佛未来一片灰暗。

心理学家阿德勒认为，人类普遍存在着自卑，只是自卑的程度和自卑的内容有所不同。适度的自卑是个体超越自我、追求卓越的内在动力，对于个人和社会都具有很大的能动作用。但是过度的自卑，会使人丧失信心，怀疑自己的能力，忽视自己的优势，从而限制了自我的成长。所以恰当地处理自卑问题，对维护自身心理健康，具有很重要的意义。

王峰想要克服自卑感，可采取以下措施。

第一，努力改变自我，正视自卑。王峰只要端正心态，变回高中时期那个积极努力的自己，学习成绩就一定会稳步上升。而在努力提高成绩的同时，王峰也要正视自卑，认识到每个人都有自己的长处与短处。只要注意扬长避短，就能活出自己的精彩。比如王峰认为自己相貌平平，可以通过打造个人气质来弥补相貌方面的不足。此外，通过对自身个性的丰富和表达，比如让自己变得随和、包容，让自己变得幽默风趣，同样可以收获老师与同学的喜欢。

第二，进行积极的心理暗示。比如，设计一个鼓励自己的常用语。习惯用语也能塑造人的性格，这些经常使用的口头语反反复复地暗示着自己，对人的心理产生着影响。如："我很棒""没什么大不了"，类似这样的豁达、乐观的口头语能帮助自己在灰心丧气时及时转变心态，变得轻松释然。

第三，丰富自己的人际关系网络。自卑者之所以自卑，是因为自我认知失调，这种认知失调往往是片面的、主观的，是因为缺乏客观见解而产生的一厢情愿的看法，而丰富的人际关系可以帮助自己发展友谊，获得能够真诚交流的朋友。朋友是帮助自己矫正认知偏差的重要途径，在与朋友交往的过程中，朋友对自己的认知势必会与自我认知形成对比，可以帮助自己更加客观、全面地建立自我认知，纠正自卑心态，提升自信心。

第四，调整自我预期水平，适时、适度地降低理想自我的高度。每个人都有理想，期望过高的理想并非无法实现，而是对于理想者而言，还有很多成功的条件需要满足。自我预期过高的人往往无法看到实现理想的这些条件，过于盲目地将期待与成败捆绑在一起，忽视了理想与现实之间的关系。调整自我预期水平，降低理想自我的高度，并不意味着放弃理想，而是将理想分化成具体的步骤，由简入繁，循序渐进，将自身能力水平看作动态发展的，而非一蹴而就的。

案例2 "奇才"的频频受挫

李晨认为自己是个难得的才子，平时极为清高，看不起一般的老师和同学，常常是独来独往，但只要有在公众面前露面的机会，他总是兴致很高。

大一时，他参加了院组织的文学创作竞赛，当时他的激情很高，认为展示才华的机会到了，自己要好好露几手。他很投入，几乎到了废寝忘食的地步。最后评奖时他兴奋极了，心想自己不是特等奖也应该是一等奖，这下大家可以看到才华横溢的自己了。谁知大会主席宣布特等奖没有他，一等、二等奖也没有他，三等奖还是没有他，最后，他只获得了鼓励奖。这对他简直就是当头一棒，他当场就要求上台发言，对公正的评比结果进行批评，最后把自己与梵高等天才艺术家相提并论，认为真正有才华的、有艺术价值的作品不是一般人看得懂的。

大二时，学校选拔参加省级大学生演讲比赛的成员，他代表文学院参加。可能是太紧张了，竞赛时他几次出现失误，不是忘记原来背好的讲稿，就是出现较严重的失误，结果自然就落选了。这对他来说也是不能接受的，他一次次找评委，说他的失误是其他辩手造成的，还说轮到他上场时麦克风出了问题，使他分了心，强烈要求评委老师重新考虑他进学校队的要求。

他的英语四级没考过，为此事他大发牢骚，认为这种考试制度本身就得批判，写了几篇《论英语四六级考试之不合理性》《论英语四六级考试之荒谬性》之类的文章投往各种期刊，等一段时间稿件没被采用，他干脆将稿件复印多份分别贴在学校人流比较多的地方。

大三重考四级时，他在考场坚持说他的听力接收器是坏的，两个监考老师检查几次都没发现任何问题，可他坚持说听不到，两个监考老师莫名其妙，轻声议论他的耳朵可能有毛病，他马上就反驳说自己的耳朵非常好，就是接收器不好。老师感到奇怪，马上找了一台备用的机子调换，但他还说是坏的，听不到。监考老师再也想不出办法了。两个月后成绩出来了，他的成绩是 56 分，他则始终坚称是接收器的问题导致自己没有考好。

（资料来源：于丹丹. 心理健康教育［M］. 北京：北京理工大学出版社，2017.）

案例分析：

这是一个典型的因自负而自我认知不清的案例。

所谓自负，指的是过高地评价自己，自以为了不起。自负是自卑的对立面，但都源于不能恰当地评价自己。自负的人高估自我，自以为是，容易产生盲目的乐观情绪，可能对自己提出过高要求而受挫。自负的人以自我为中心，唯我独尊，看不起他人，不接受他人的批评，不能与他人和谐相处，只能"孤芳自赏"而孤独。不切实际的自负会影响我们的生活、学习和人际交往，严重的会影响心理健康。适度地对自己评价高一些，是健康的自恋，是所谓的"积极错觉"，对心理健康有益，但过度地高估自己就是自负，更为极端的可能表现为自恋人格障碍。大学生中有些人容易出现或多或少的自负心理。

自我夸大型的人在遭受挫折时，无意识中会通过文饰作用，为自己的失意、失败找到借口、托词进行辩解，虽然这些借口、托词不真实，但却娓娓动听，很有说服力。通过文饰作用，他既为自己的失败找到了"真实的理由"，又保护了他赖以生存的非理性的自我形象和自信心。

李晨看不到自己人格上的缺陷，又不能接受自己英语四级考试失败的事实，为了维护自己天生优秀、是个奇才的形象，为了自信，他肆意想象、妄想，为自己失败寻找外部的原因。启动这种心理防御机制的结果，是使长期处于逆境中的人出现偏执障碍。

自我夸大型的人面对失败时，会否认自己能力上的不足，从别人身上找原因，通过责备别人，减少潜在耻辱事件的影响。他们从不愿对失败负责任。

过于自负的人想要改变自己，可采取以下措施。

第一，正确评价自己。出现的自大情绪往往是过高地估计了自己，认为自己比谁都强，只看到自己的长处，看不到自己的短处，拿自己的长处比别人的短处。学会正确地评价自己，既认识到自己的优点，也看到自己的不足。

第二，拓宽自己的眼界，多给自己锻炼的机会。知道足够多的东西，才能认识到自己其实还有很多的提升空间，浩渺宇宙中的每一个个体都仅仅只是微小的存在。另外，人的能力是需要不断地锻炼成长的，多给自己这样的机会，不要害怕失败，自大的人可能心中对自己的要求比较高，所以多给自己锻炼的机会，让自己的能力匹配上自己的野心。

第三，踏实做人，踏实做事。多想着能为身边的人做点什么，良好的人际关系互动可以很大程度上改善这种不良性格。

第二章

予人尊重，予己自由：
大学生人际交往

　　《诗经》有云："伐木丁丁，鸟鸣嘤嘤，出自幽谷，迁于乔木，嘤其鸣矣，求其友声，相彼鸟矣，犹求友声，矧伊人矣，不求友生？"意思是说，连鸟都要寻找朋友和知音，何况人呢？

　　心理学研究表明，人都有强烈的交往需要，大学生更是这样。他们远离家乡、远离亲人，异地求学，在日常的学习和生活中难免碰到一些不顺心的事，变得惆怅。因此，很需要找人倾诉、交流，从交谈中得到精神上的慰藉。人际交往是大学生生活的基本内容之一，大学生的人际关系主要包括个人与同学、老师等之间的关系。

第一节　人际交往概述

一、什么是人际交往

　　人际交往指人们在生活实践中通过互相交往与相互作用形成的人与人之间的直接心理联系，也就是人们运用语言或非语言符号交换意见、交流思想、表达情感和需要的过程。

　　社会渗透理论认为人际交往主要有两个维度：一是交往的广度，即交往或交换的范围；二是交往的深度，即交往的亲密水平。关系发展的过程是由较窄范围内的表层交往向较广范围的密切交往发展。人们根据对交换成本和回报的计算来决定是否增加对关系的投入。

二、 良好人际关系发展的阶段

良好的人际关系的发展，一般需经过四个阶段。

定向选择阶段。在人际交往中，有选择地挑选交往对象。进入一个交往场合时，人们往往会选择性地注意某些人，而对另外一些人视而不见，或者只是礼貌性地打个招呼。对于注意到的对象，人们会进行初步的沟通，谈谈无关紧要的话题，这些活动就是定向选择阶段的任务。在这个阶段，人们只进行表层的自我表露，例如谈谈自己的学习，对班级最近发生的事件发表看法等。

情感探索阶段。如果在定向选择阶段双方有好感，产生了继续交往的兴趣，那么就有可能进一步地自我表露，如大学生活的体验、感受等，并开始探索在哪些方面双方可以进行更深的交往。这时，双方有一定程度的情感卷入，但是还不会涉及私密性的领域。双方的交往还会受到角色规范、社会礼仪等方面的制约，还比较正式。

情感交流阶段。如果在情感探索阶段双方能够谈得来，建立了基本的信任感，就可能发展到情感交流的阶段，彼此有比较深的情感卷入，谈论一些相对私人的问题，如相互诉说学习、生活中的烦恼，讨论家庭中的情况等。这时，双方的关系已经超越了正式规范的限制，比较放松，比较自由自在，如果有不同意见也能够坦率相告，不受拘束。

稳定交往阶段。情感交流如果能够在一段时间内顺利进行，人们就有可能进入更加密切的阶段，双方成为亲密朋友，可以分享各自的生活空间、情感、财物等，自我表露更深更广，相互关心也更多。一般来说，能够达到这种境界的关系相当少，这也就是人们常说的"人生难得一知己，千古知音最难觅"。

第二节　大学生人际交往的特点与常见问题

一、现代大学生人际交往的特点

大学生的人际交往活动的特点主要表现在以下几个方面[①]。

（一）主动追求开放式交往

在中学阶段，学生的注意力都集中在学习上，没有时间和精力进行较多的人际交往。进入大学后，由于学习模式转换，他们迫切需要走出家门，走进公共场合，结交更多的朋友，交流更多的信息，接受更多的新思想。在这种心理的作用下，大学生的人际交往呈现出前所未有的开放式交往趋势，表现在以下几方面。

交往的范围扩大。过去的交往，对象多限于亲戚、邻居、成长伙伴、同宿舍或同班同学，现在的交往对象早已超越了家庭、宿舍、班级、学校，不断扩展。例如，大学生交往的对象不仅包括大学同学，也包括在社交场合认识的其他人。同学之间的交往也不只局限于同班同学，已发展到同级、同系甚至是同校可接触的所有同学。不仅是同性之间的交往，异性交往也很平常。

交往的频率提高。过去的交往通常是偶尔的相聚、互访。现在的交往，已发展为经常性的聊天、社团活动、聚会、体育活动、结伴出游以及其他一些集体活动。

交往的方式多样。过去的交往通常是同学之间的互访、写信。现在大学生的交往已普遍使用现代化的通信设备，交往手段有了很大的发展。这也使大学生的人际交往变得更方便、更快捷，交往距离更远，

[①]　张英莉. 大学生心理健康教育［M］. 北京：北京理工大学出版社，2019.

交往范围甚至可以扩展到世界范围。

（二）追求人际交往的独立性和选择性

第一，从交往的特征看，过去的人际交往主要是在师长的指导下，在高年级同学的协助下进行。随着独立意识的增强，大学生交往的对象、范围都有了选择，交往的自由度增大。此外，大学生交往心理由情绪型向理智型转化。过去的人际交往主要是受情绪不稳定的影响，表现为情绪型的特征；随着社会经验的丰富以及心智的成熟，大学生不但学会了调节情绪，而且交往活动不再被情绪左右，在交往中能理智地择友。

第二，从交往对象看，通常以寝室同学的人际交往为中心，社会工作和网络社交的人际交往占主导。大学生虽然主动追求开放式的人际交往，但由于时间、精力、生活环境、经济条件等方面的限制，交往的主要场所仍然在校园内，中心是寝室。

第三，交往的内容基本上围绕共同的话题，如学习、考试、娱乐、思想交流、情感沟通而展开。此外，大学生对异性之间的交往愿望强烈。由于处在青年中期，性生理的成熟，大学生活又提供了同异性同学交往的许多机会，使不少大学生对异性产生了兴趣。

尽管新兴社交方式正逐渐被大学生接受并渗入他们的生活中，但也有不少学生表示："网上交流再怎么也没有面对面交流那样让人感觉亲切和真实。"

（三）情感型交往与功利型交往并重

随着社会的发展变化，大学生在社交目的上也趋于"理性化"，选择什么样的人交朋友，并不纯粹是出于交流情感和志同道合，交往的动机已变得复杂。过去交往多是为了交流情感、寻找友谊、寻觅爱情，交往的目的相对单一，而现在随着社会的多样化，大学生人际交往的目的和内容也更加丰富多彩，交往涉及衣、食、住、行、学习、工作、娱乐等方面。可以说，大学生的人际交往在注重情感交流的同时，越来越注重与自身社会利益相关的务实性，呈现出情感型交往与功利型交往并重的趋势。

（四）从注重纵向交往转向扩大横向交往

进入大学后，大学生的生活空间大大扩展，从交往的方向看，从注重纵向交往转向扩大横向交往，从以往同班同学之间的交往扩大到同系、外系、外校的同学交往。

另外，从交往效果看，大学生对自己社交能力和人际关系环境评价不高，他们虽然从心理上积极主动地去与他人交往，并且很注意学习社交知识，但实际效果并不理想，与自己的预期要求还有较大差距。

二、大学校园里人际关系的热点问题

（一）寝室关系

对大学生而言，寝室的意义绝不仅仅是个睡觉的地方。大学生的寝室人际关系是大学生人际关系的重要组成部分，而寝室人际相处的状况往往决定着一个大学生对大学生活是否感到满意。那些在人际氛围糟糕的寝室生活的大学生，常常显示出压抑、敏感、自我防卫及难于合作的特点，而在同伴关系融洽的寝室生活的大学生，心态则以欢乐、注重学习和成就、乐于与人交往和帮助别人为主流。高校心理咨询实践也表明，大学生咨询的问题大多是人际问题，并且许多大学生面对寝室人际关系茫然不知所措。

大学生寝室的人际关系状况究竟如何呢？有研究（毛小玲）的调查表明，大学生寝室的人际气氛总的说来是良好的，人际和谐性和亲融性明显高于冲突性和扰他性，而且，这种人际关系主要用以满足关心温情、安全感和归属感等情感方面需要，遵循"各尽所能，各取所需"的交往法则，彼此间表现出较多真诚行为，很少玩"人情"

和"面子"。从性别差异看，同宿舍女生之间更加注重情感沟通，相互之间的理解、交往的互助性也明显强于男生，表现出宿舍人际氛围更为和谐、亲融的特点。从年级差异看，二年级大学生的宿舍人际相处最好，而三年级最差。这可能是因为经历了大学一年级学习生活的过渡期，二年级大学生开始适应了宿舍的生活，因而冲突减少，交流增多；但是临近大三，以及紧接而来的就业压力，使得大学生交往的功利性逐渐增强，导致在宿舍人际相处中，冲突性时间增多，沟通与交流减少。

处理寝室关系时要注意以下原则。

1. 要尊重他人

"己所不欲，勿施于人"，只有你尊重别人，才会赢得别人对你的尊重。尊重别人就不能轻视贫困生、差生以及有生理缺陷的室友，尊重别人就应该遵守寝室的规章制度，不乱扔垃圾，不夜里看书打游戏等。要学会换位思考，常想如果自己处在他人的位置上自己会怎样，自己做不到的事情，就不能强求别人做到。

2. 争取多沟通、多交流

在同一个屋檐下难免会有矛盾，有误解，不要因为大家有矛盾、有误解而放弃交流和沟通，彼此视为仇人，你不让我好过，我就不让你舒服，这样只能使矛盾更加激化，从而造成不必要的伤害。面对矛盾和误解要主动沟通、交流，主动和解，不要让误会阻隔了同学之间的友好情谊。另外，要经常参与大家的讨论与集体活动，只有这样，才能更好地了解自己和他人，消除彼此之间的误会，加强相互的理解和信任。

3. 发自内心地赞美他人

学会欣赏、赞美他人，比如："你太棒了！""你这个发型很好看！"这种赞美的话语会给被赞扬者带来快乐，引起积极的情绪反应。情绪具有传染性，好心情会传染给周围的人，快乐可以消融人际关系的僵局，使寝室关系变得融洽。

（二）学生干部人际关系

学生干部是指在学生正式群体或者组织中承担和管理职能的学生，身份具有双重性。在多重人际关系中，对学生干部工作、学习、生活影响最直接的、最容易产生问题困惑的，是与同学的人际关系。

学生干部作为高校特殊的学生群体，因其身份双重性，在人际交往中容易出现不良倾向，介绍如下：

第一，学生干部在人际交往中存在小团体利益。作为90后、00后的大学生，在接受学校教育的同时带着社会上的利益观念进入校园，在校园里特别是学生会里为了使自己的想法、利益得到最大的实现，不惜拉帮结派，形成小团体。作为个人主义扩大化的小团体主义思想、行为制约着学生的健康成长，破坏着学生中的民主、平等、自由的氛围，冲击着大学的公平与正义，对大学集体主义教育也是一大障碍，具有极大的危害性。

第二，一些大学生习惯以自我为中心，集体意识和大局观不强，平时也不重视与班级同学沟通，和班级同学人际关系疏远，由此造成部分学生干部脱离集体，被孤立的现象。

处理学生干部关系时要注意以下原则。

第一，在角色定位上，处理好学生与学生干部的关系。

学生干部，从字面来看，"学生"在前，"干部"在后，从现实来讲学生才是其最重要的身份角色，然后才是干部。首先得有学生样儿，以学习为主，认真完成好各项学习任务，保证学习成绩，自觉遵守学校规章制度，主动融入集体，积极参加组织生活；其次还得有干部的样儿，用高标准严格要求自己，使自己在思想、学习、生活及工作等方面起到示范与带头作用，做好上传下达，发挥好师生之间的桥梁与纽带作用，加强服务意识，不搞特权、不谋私利，更不能把学生干部当成做官而一味追求职位的大小和权利的多少。

第二，在社团工作中，处理好放权与管理的关系。

人是离不开社会的，更不能离开他人独立生存。身为学生干部更要有大局意识和团队精神，开展工作或组织活动，一般单靠学生干部的力量是无法做好的，更何况"光杆司令"的滋味并不好受，不放权往往出力不讨好。

第三，在行事规矩上，处理好律己与待人的关系。

"言必信，行必果"是中国的千古良训。学生干部是会被别人关注的群体，因此更应该注意自己的形象，尤其是品性修养。言行一致是对个人品行的检阅，同时也是对其人格的担保。与同学交往应言行一致、表里如一、信守诺言。对于同学的要求，能做到的就答应；做不到的，则不可信口开河，开"空头支票"。凡事能尽力帮助解决的，应全力以赴。做事应善始善终，与同学交往也要做到行必果，说到做到，不打折扣。立下规矩，不仅是要求同学遵守，对自己也要严格要求。

第三节　大学生人际交往的原则与技巧

一、人际交往的原则

人际交往能力是一个人进入社会的必备技能，要想在社会中站稳脚跟，让自己在未来有所作为，大学生应该努力提高自己的人际交往能力，而掌握人际交往的原则是第一步。人际交往的原则（见图2-1）具体包括：平等原则、尊重原则、诚信原则、宽容原则、互利原则、适度原则①。

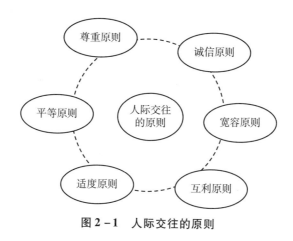

图 2-1　人际交往的原则

（一）平等原则

在人际交往中我们需要明确，每个人在人格上都是平等的，没有高低贵贱之分，不应该因为同学之间的家庭情况、成长经历、个人长相而差别对待。

（二）尊重原则

人际交往的双方互为主体，因此在交往中每个人都要尊重他人，同时也要自尊。尊重他人包括尊重他人的人格、情感、风俗习惯和价值观。自尊是指维护自己的人格不被他人侵犯。

（三）诚信原则

信任是人与人建立关系的基础，真诚是人与人发展关系的保障，坚持诚信原则才能使交往双方的关系逐步深入。交往中真心帮助他人，以诚恳的态度指出朋友的缺点不足，都可以增进彼此的情感。

---

① 李锦云．大学生心理健康辅导 ［M］．北京：北京理工大学出版社，2020.

(四) 宽容原则

每个人都有自己的立场和观点，我们要以开放的姿态去接纳他人与自己的不同之处。勿以自我为中心，一味用自己的想法去要求和改变别人，否则只会让身边的人离你越来越远。

(五) 互利原则

人际交往是一种双向行为，"来而不往非礼也"，只有单方获得好处的人际交往是不能长久的。所以要双方都受益，不仅是物质的，还有精神的，但主要是精神上的。如思想上沟通交流，既满足了双方各自的友谊需要，又促进了相互间关系的发展。有人认为，爱一个人就不能要求回报，这不符合交往互利原则，因此是错误的。人际交往是相互满足对方需要的活动，人际关系的发展取决于双方需要满足的程度。如果双方在相互交往中有所要求，也有所期待，都获得了各自的需要的满足，相互之间愈加信任和依赖，关系愈加密切。同学交往常犯的一个错误就是"好事一次做尽"，以为自己全心全意为对方做事就一定会关系融洽、密切，事实上并非如此。因为人一味接受别人的付出，就会使他感到无法回报或没有机会回报，愧疚感就会让受惠方选择疏远。正确的做法是留有余地，适当地保持距离，因为彼此心灵都需要一点空间。如果你想帮助别人，而且想和别人维持长久的关系，那么不妨适当地给别人一个机会，让别人有所回报，不至于因为内心的压力而疏远了双方的关系。当然，如果一方只索取不给予，交往也会中断。总之，互利性越高交往双方关系就越稳定、密切；互利性越低，交往的双方关系就越疏远。

(六) 适度原则

(1) 交往的时间要适度。交往需要中，除了交往友谊以外，还有学习、劳动的需要。大学生的主要任务是学习，而交往需要投入大量的时间和精力，需要注意不要把太多的时间投入过度的与人交往中。

（2）交往的程度要适度。美国心理学家莱欧·博格说，保持良好关系的重要方法，是保持一个"能感受到对方的体温又不挨扎"的最佳距离。距离产生美，人际交往应该疏密有度，保持一定的距离，否则对双方心理健康和人际关系发展都不利。把握一定的交往频度，才能在今后的人际关系发展上进退自如。

二、人际交往的技巧

大学生在与他人建立起积极的人际关系时，掌握一些人际交往的技巧是十分重要的，具体来说有以下几个方法。

（一）主动与他人进行人际交往

在大学里，来自全国各个地方的同学都聚集在一起。在这样的学习与生活环境中，大学生要想不被孤立，就必须学着主动与其他同学打招呼、进行交际。在很多时候，大学生主动地进行交际都能获得对方的回应。

（二）恰当运用语言艺术

人际关系的建立与改善往往深受语言技能的影响。对于大学生来说，其接触到的语言主要有三类：汉语、外语以及与学科有关的科学技术语言。对于这些语言，大学生如能恰当有效地进行运用，将会对其人际关系的建立发挥巨大的作用。具体来说，大学生在运用语言艺术时，应特别注意以下几个方面。

第一，把握好说话的分寸，不可对他人造成伤害。

第二，语言表达要简洁、明了，不含糊其词，以免产生不必要的误解。

第三，说话要注意气氛和场合，以免使对方感到尴尬，同时，要学会适当运用幽默，以缓解人际交往中的紧张及尴尬的氛围。

第四，要在交谈过程中给对方发表意见的机会，同时在对方谈话时要注意倾听、不随意打断。

（三）学会倾听

倾听是一门艺术。倾听不仅仅是凭借听觉器官听说话者的言辞，还需要全身心地去感受对方在谈话过程中所表达的言语信息和非言语信息。在人际关系的改善中，学会倾听他人谈话具有十分重要的作用。

如果能够耐心倾听对方的谈话，就会在无形之中提高对方的自尊心，就会使对方增加对你的信任感，进而加深彼此的感情。但是，如果对方还没有把话讲完，倾听者就表现出不耐烦的态度，就很容易使对方的自尊心受挫，对双方之间的交往造成消极影响。可见，越是善于倾听他人意见的人，人际关系就越融洽。在谈话中，要想做好"倾听"，应注意以下几种倾听方式。

第一，耐心倾听。倾听时，耐心非常重要。不要表现出不耐烦的神色；要精神集中、表情专注，不东张西望、心不在焉；不要做出一些不礼貌的动作。

第二，虚心倾听。即使对方说错了，也不要得理不饶人和进行不必要的争辩，这样会打乱亲切和谐的交往气氛。

第三，会心倾听。听人谈话，不只是在被动地接受，倾听者还应该主动地反馈，反馈时要做出会心的呼应。所谓会心，就是领会诉说者没有明白表示的意思。在交谈时，要注意与对方经常交流目光，要时而赞许性地点头，时而用"哦""是这样的"等言辞来表示你在注意倾听，以鼓励对方继续讲下去。

（四）常常换位思考

换位思考对人际交往具有很大的影响，在交际的过程中，假如大学生能够经常站在对方的立场上，思考假如自己在他的位置上应该以什么角度和方式去理解和处理问题，就能够切身体会到对方的不易，也能够理解对方的所作所为，而这种理解能够加深双方之间的感情融合度，从而增加彼此之间的人际关系。

因此，在现实情况下，我们发现善于交际的大学生，往往能够发现别人的优点，尊重他人、信任他人、宽容他人，能够经常站在别人的位置上去思考，因而能够容忍他人有不同的观点和行为，不斤斤计较他人的过失，还会在可能的范围内帮助他人。他懂得"己所不欲，勿施于人""将心比心""推己及人"的道理，因而也不会强求别人按照自己的想法去做事，从而做到了和而不同，人际交往自然也不会差。

（五）合理运用非语言表达方式

作为一种游离于语言之外的表达方式和手段，非语言表达方式能够产生有别于语言表达方式的效果，若大学生能够合理运用非语言表达方式，便能够为人际交往增色不少。一般情况下，常见的非语言表达方式包括以下几种。

1. 微笑

卡耐基曾说："你的笑容就是你好意的信差。"的确，微笑能够体现出个体的自信、友善和良好的修养，是沟通的桥梁和友好的信号，也是世界各族人民普遍认可的常规表情。在人际交往的过程中，合理地使用微笑往往能够淡化矛盾、打破僵局、消除误解，为双方的交往奠定良好的基础。但在这里需要注意的是，微笑应是真诚的、发自内心的，只有这样的微笑才能给人温暖的感觉，也才能促进人际关系的和谐。虚假的、不真诚的微笑会让对方感到虚伪，从而对人际交往产生不良影响。

2. 眼神

俗话说，"眼睛是心灵的窗户"。在人际交往中，眼神能够表达出许多潜在的含义，如眨眼睛表示不敢相信或惊讶的意思，眼睛上扬传达惊怒的心情，挤眼睛表示两人间存有不为外人知道的事情，斜眼瞟人传达着羞怯腼腆的信息，眼神闪烁不定表示心虚或隐藏了什么事情，眼睛下垂含有轻视对方之意。大学生在人际交往的过程中，可通过不同眼神来传达自己的意思、态度或某种情感，也可用作提示、告诫。但在此过程中，大学生应注意不可在社交场合表现出不礼貌的眼神，以免影响正常的交际。

3. 身体语言

研究显示，尽管语言沟通是人际交往的主要方式，但55%以上的信息交流是通过身体语言完成的，并且有的身体语言可以取得语言交流所无法获得的效果。然而，身体语言虽然能够在一定情境下帮助人们传达某些意思、想法、态度等，但这些身体语言所传达的信息需要通过主观的感知、理解才能领会，这就要求人们能够理解各种身体语言所传达的含义。对于大学生而言，合理运用身体语言可从以下两个方面入手。

（1）能够领会别人的身体语言的含义。在人际交往的过程中，人们常常会表露出一些身体语言，大学生必须能够领会这些身体语言的含义。例如，当大学生在别人家做客时，发现主人经常出现一些肢体动作，像聊天不专心或者频繁看手表等，说明主人还有别的事情要做，大学生应尽快告辞。再如，当与别人交谈时，他的身体总是倾向于和大学生接近，甚至会有意无意地侵入大学生的个人空间，或者允许大学生侵入他自己的个人空间，说明他对大学生的接纳程度很高，并且很希望能够和大学生发展进一步的关系。

（2）分析并掌握自己的身体语言，对不合理的身体语言及时调整。每个人都有自己的身体语言，这些身体语言有的有助于人际交往，有的不利于人际交往。大学生要想获得人际交往的成功，提高自己的人际交往能力，就必须了解自己的身体语言，掌握自己身体各部位经常出现的身体语言，如高兴时咧嘴笑、着急时搓衣角、不耐烦时抖腿、紧张时发抖等。在掌握了自己常出现的身体语言后，对不利于人际交往的身体语言进行有意识的修正和调整，从而强化自己的身体语言对人际交往的正向作用。

（六）学会拒绝

中国文化中有一种优良的传统，即"好人"，这种好人多指的是那种无怨无悔、从来不拒绝别人的人。然而，在现实生活中，若好人做过了，则会引来得寸进尺的问题。例如，在大学校园中，代替答到的现象屡禁不止，不少学生都会要求去上课的同学帮自己答到，但若这位同学表现出拒绝的意思，便会招致埋怨。因此，在人际交往中，不能一味地顺着别人的想法走，而要在别人的某种观点或行为不符合自己的愿望，或者不能满足自己的需要时，恰当地拒绝他。在拒绝的过程中，大学生必须讲究方式、方法，学会委婉地拒绝、幽默地拒绝。具体来看，常见的合理拒绝方式有以下几种。

1. 婉拒法

委婉地向对方表明自己的真实态度，注意态度要温和、有礼，如："对不起，我还没有准备好，请您让我再考虑一下，不胜感激！"

2. 谢绝法

先向对方表示感谢，再有理有据地拒绝对方："多谢你的信任，但这件事实在是超出我的能力范围了，毕竟我也有我的难处。"

3. 缓冲法

这种方法是以缓冲的方式拒绝别人，如："关于这件事，让我和家人再商量商量，你也再考虑考虑，好不好。"

4. 幽默法

这种方法是以幽默的方式拒绝别人，如："啊！对不起，我今天还有事，只能当逃兵了。"

第四节　接纳、倾听与共情——大学生人际交往案例分析

社会是由人构成的，无论是在校园里还是正式步入社会以后，不论是在生活里还是社会生存中，人际关系都是至关重要的环节。大学生应该将锻炼和提高人际交往能力看作是与学业同等重要的素质，通过不断的学习、实践和总结，探索出一条属于自己的交际自由之路。

案例 1　紧张的寝室关系

小张从北方来到南方的一所省城大学读书。临行前，在一家企业做人事主管的父亲反复告诫儿子，在大学里要和室友和谐相处，生活才会愉快，大学四年心里才有归属感。进校后，小张时刻谨记父亲的话，但是由于与一位同学在很多事情的看法上相差甚远，经常斗嘴，导致彼此不服气，互相看不起，矛盾时有发生。

而用小张的话说，那位同学比自己更会处理人际关系，到最后同寝室同学都站到了小张的对立面，小张的寝室关系开始变得紧张起来，其他人都不理解甚至奚落小张，小张对他们也充满怨恨和不信

任，进而变得猜疑和敏感。只要有同学嘀咕几句，小张就认为他们在说自己的坏话，心里十分苦闷。而那位和小张斗嘴的同学却好像整天都过得很开心。

在期末考试时，小张发现自己的笔记本不见了，他没有积极寻找，而是怀疑同寝室的那位同学拿走了，理由是他们之间一直不和，觉得对方一定是在报复自己，目的是让自己补考。他去找那位同学理论，对方正要解释，小张却破口大骂。这不但影响了小张自己的形象，而且使本就紧张的同学关系陷入僵局。对于这一切，小张在感到无能为力的同时又很伤心，一度产生了退学的念头。

案例分析：

案例中大学生小张的类似现象在大学生中并不少见。如：有的同学受了老师批评，就认为是被同学告发；看到别人背着自己说话，便怀疑是在讲自己的坏话；看到某同学没与自己打招呼，便猜疑该同学对自己有意见或不喜欢自己；等等。

多疑是指一种由主观推测而产生的不信任他人的复杂情感体验，是一种消极有害的心理。有多疑心理的人，表现为心胸狭窄，过分计较个人得失，对他人怀有敌意，在交往中对别人不信任，喜欢主观猜测、怀疑别人，在自己遭受失败时认为是别人在捣鬼，于是心存戒备，处处设防，不能以诚相待，甚至是捕风捉影。这种主观随意的"猜疑"，会在人和人之间产生距离，它是人际交往中的人为障碍，不利于良好人际关系的形成。

想要改善多疑心理，可借鉴以下措施。

第一，学会信任别人。大学生交往要以相互信任为前提，人活在世上需要信任，犹如需要空气和水。在猜疑心理的阴影下，便无法相信别人，甚至整天提防别人，试想这会给自己和别人造成多大的困扰。要想受人爱戴，就得先信任别人。正如心理分析专家佛罗姆所说

"不常信任别人的人，也就不常爱人。"

第二，改变封闭性的思维方式。在猜疑心理的作用下，人会陷入作茧自缚、自圆其说的封闭思路中，即以某一假想目标为出发点，最后又回到假想目标上，把假想作为根据，又据此得出结论。因此要学会全面、辩证地分析问题，遇到问题要保持冷静，以客观事实代替主观猜测，千万不能冲动地处理问题，要辩证地看问题，注意全面分析和了解一个人，不要因为曾经的某些事或某种现象轻率作结论。

第三，加强沟通。多疑常建立在猜忌的基础上，往往缺乏事实依据，或由于误会或因他人搬弄口舌引起，因此，开诚布公地交流有助于消除疑惑、误会，增进友情和信任感。加强同学之间的沟通，只要用心沟通，没有解决不了的问题。

第四，开阔心胸，不要过分计较。猜疑者给人的感觉是过分注意自己的得失，心胸狭隘、气度狭小，常无端地怀疑别人在威胁自己的名誉，损坏自己的形象，把别人的一举一动都与自己联系起来，并看成是自己的阻碍。在这种心理状态下，猜疑者自身也常常感受到巨大的心理压力，很难与别人进行正常的人际交往，既影响个人潜能的发挥，又影响朋友关系的建立和发展。因此当你不再为区区小事过分计较时，也许就会发现烦恼少了很多。"海纳百川，有容乃大"，用宽容开放的心态与人交往，才能取得良好的结果。

案例2 真希望我是个透明人

小杨从小就不敢和人交往，家里来了亲戚、朋友，他总是想办法躲起来，遇见认识的人总是低着头假装看不见对方，也期盼着对方能够看不见自己。进入大学以后，小杨的情况虽然稍有好转，但在集体场合还是不敢讲话，除非大部分人都很熟悉，一般的聚会、集体活动他都不参加，尤其不敢和异性讲话，不敢看别人的眼睛，一讲话就脸红。一个人走在路上就会浑身不自在，担心有人注意到自己："真希望我是个透明人，大家都看不到我就好了。"

案例分析：

羞怯心理主要是一种情绪反应，其往往导致大脑神经活动的暂时紊乱，使记忆发生故障，思绪出现差错，表现为语无伦次、词不达意、举止行为失当，对于人际关系的建立和发展是一大障碍。事实上，绝大多数人都有过上述经历，只是不同的人在产生羞怯心理之后，采取了不同的调节方式，且由于不同的心理素质基础，不同的人在羞怯心的作用下，会产生不同的表现。

羞怯心理较重的大学生在人际交往中表现为还没开口说话就先脸红、胆怯、拘谨、动作扭捏，说话的音量又低又小，有时还动作颤颤巍巍，很不自然。羞怯心理的产生，一方面是由于青春期生理变化引起的感应性反应，另一方面受自卑心理或者成长环境的影响。大学生正处于生理、心理发育最旺盛的时期，激素分泌较多，外界的刺激会使体内的平衡被打破而变得紧张，表现为冒汗、脸红、心慌等感应性反应。

很多具有羞怯心理的大学生常常羞于与他人交往，特别是不敢与陌生人交往，其主要原因是对自己信心不足，害怕出错。此外，一些大学生在童年、少年期的人际交往中曾经受到过他人的训斥、嘲笑或戏弄，其造成的阴影也会留下很深的影响，以后进入类似环境或新环境时就会出现胆怯。羞怯心理会影响大学生的正常交往和心理健康，阻碍其更好地适应社会环境，不利于其发挥自己的聪明才智。

那么，如何克服羞怯心理呢？可借鉴以下措施。

第一，努力丰富自身的知识。有了丰富的知识储备、娴熟的交往技巧，在交往中自然就会应对自如。知识可以丰富人的底蕴，增加人的风度，提高人的气质，它也是克服羞怯心理的良药。在大学期间，大学生要勤奋学习，努力拓宽知识面，掌握一些社交知识和技巧，通过知识的积累，增强交往的勇气。

第二，多参加社交活动。在实践中锻炼交往能力，是克服羞怯心理的有效方法。大学生在校园要努力增加表现自己的机会，多与他人交往，使自己的交往能力得到进步与发展。要为自己多创造一些交往的机会，在各种场合鼓励自己大胆讲话，勇于发言。在与人接触的过程中，要学会如何应对别人的问候或恭维，如何与陌生人进行开场白，要学会让谈话继续或中止的技巧，要锻炼在公共场合讲话的本领，提高语言表达能力和技巧，要多参加文体活动，扩大人际交往的圈子。这样在各种活动中羞怯心理会自然而然地消除了。

第三，增强自信心。羞怯是内心不安的一种反映，也是人的自卑感在作怪，可尝试着去培养与锻炼自信心。要让别人承认自己，必须先得到自己的承认，不要对别人如何评价自己太敏感、太介意，要学会正确、客观地评价自己。自问一下：我真的不如别人吗？我真的不能像他人那样交谈、处事吗？如果不是这样，你就无须为此担心；如果真是这样，也没什么大不了的，只要今后把注意力放在如何改进上即可。

此外，还可以经常有意识地观察和模仿一些泰然自若、善于交际、活泼开朗的人的言谈举止，对照自己的弱点加以克服，并根据自己的气质形成自己的风格。只要我们勇敢一些，坚持用以上的方法来训练自己，就能克服在和人打交道时的羞怯心理。

案例3　别管我，我愿意这样

小米从小就养成了良好的生活习惯，作息规律、早睡早起，而室友大多晚睡，他们不愿关灯，打游戏时键盘声响还弄得很大，甚至不用耳机而用音箱，严重影响了小米的休息。小米平时勤洗衣物，经常拖地搞卫生，但懒散惯了的室友不但不感激，还埋怨小米总把寝室搞得湿漉漉的，很不舒服。有一个同学做得特别过分，卫生习惯和生活习惯非常差劲，从不打开水，从不扫地，轮到他打扫卫生，就外出游荡不回宿舍，等到过了零点超出他值日的日子才回来。更让小米受不了的是他还不注意个人卫生，不爱洗澡、洗衣服，打完篮球回来，直接将脏衣服、臭袜子堆在床下，弄得整个寝室臭不可闻，对小米提出的意见他也不当一回事，并说别管我，我愿意怎样就怎样。

案例分析：

小米的室友的主要问题是其在人际关系交往上以自我为中心来思考和看待问题，他只从自我的角度去思考其行为的合理性，而不从他人的角度去反思其行为的不合理性。人际交往的目的之一在于交流与分享对不同事物的看法和观点，需要讲究互利合作原则、理解原则、平等原则、真诚原则、宽容原则。而以自我为中心的人在待人接物、为人处世中只关心自己，只以"我"的利益为半径，以"我"的一切为准则，这样的人是不可能与他人建立起良好的人际关系的。

大学生在人际交往中要改变以自我为中心的习惯，注意以下几点。

第一，平等相处，尊重他人。克服以自我为中心倾向的关键在于改变自己的认识。人际交往讲究平等互惠的原则，在人际交往中，应该把每个人看成是和自己平等的人，若希望别人对自己好，那么自己也应该有相应的付出，若希望别人尊重你，那么自己也应当尊重别人，不能把别人看成满足自己需求的对象。如果在交往中只为了满足自己，处处维护自己的自尊，最终只会失去朋友，将自己与他人隔绝开来。

第二，接受批评，转变态度。以自我为中心的致命弱点之一就是不愿接受别人的善意批评，不愿意转变自己的态度。接受批评并不是要完全服从他人，而是能虚心接受别人正确的意见，有则改之，无则加勉。

第三，客观地认识自己和别人。以自我为中心的人之所以在社会交往中频频碰壁，是因为他们既没有真正认识自己，也没有真正了解别人。人的自我意识主要来自别人的反映，以自我为中心者如果能把别人作为一面镜子来反射自己，从别人的评价中认识自己，又能抛开偏见去认识别人，就会逐步摆脱以自我为中心。

第四，加强自我控制。充分认识到以自我为中心的不现实性、不合理性及危害性。学会控制自我的欲望与言行，把自我利益的满足置身于合情合理、不损害他人的基础之上。创造与他人交往的条件，强化同学间的交流，在与人的交往中，尊重别人的存在、利益和感受，学会善待他人。

第三章

顺时而动，适者生存：
大学生适应心理

大学阶段是青年学生个人成长的关键时期，也是人生重大的转折点。大学新生大多初离父母，从熟悉的环境进入陌生的环境，胜利的终点变成了新的起点，开始独立面对大学校园的全新生活，必然会出现由于不适应而带来的种种问题和障碍。大学生的心理矛盾和冲突在这特殊阶段如处理不当就可能引发各种心理方面的问题，甚至导致心理障碍。因此及时给予新生积极的心理指导，帮助他们正确地认识自我、完善自我，予以心理调适，优化心理素质，提高心理健康水平，促进全面发展，已成为十分紧迫的任务。

第一节　角色转变与适应概述

一、适应概述

（一）适应的定义

"物竞天择，适者生存"，是自然界所有生物的生存法则。对人类而言，能否适应环境已经成为生存和发展的一项重要能力。生物学上用适应来表示能增加有机体生存机会的身体上和行为上的改变；心理学上则用来表示对环境变化做出反应。瑞士心理学家皮亚杰把适应看作是智慧的本质，是有机体与环境间的平衡运动。一般认为，适应是指个体通过不断做出身心调整，在现实生活环境中维持一种良好、有效的生存状态的过程。

适应包含两层意思。

第一，是指个体与环境在相互作用的过程中发生改变的过程。

第二，是指个人与环境关系的一种状态，即个人与环境之间的一种相宜协调的状态。人一生当中所处的自然环境和社会环境总是在不断变化，因此，适应是每一个生命个体在一生中都要面临和需要解决的人生课题，能否适应不同社会环境的变化也成为人成熟和心理健康的重要指标。

（二）心理适应

心理适应主要指各种个性特征互相配合，适应周围环境的能力。一个人能否尽快地适应新环境，能否处理好复杂、重大或危急的特殊情况，与他的心理适应性高低有很直接的关系。

一般意义上的心理适应能力，是指一个人在心理上适应周围环境的能力。通常情况下，心理适应能力强的人在遇到各种复杂、紧张、危险的情况时，依然能处之泰然，甚至超常发挥自己的水平。相反，心理适应能力较差的人，遇到特殊情况时就会显得非常紧张，感觉不知所措，以致经常出现表现失常的现象[1]。

二、大学生角色转变与心理健康

（一）大学生的角色变化

所谓"角色"，是人在社会行为系统中与一定社会位置相关联的符

---

① 赵建芳. 大学生心理健康教育［M］. 沈阳：东北大学出版社，2017.

合社会要求的行为模式，它客观地规定了一个人的活动范围、享有的权利、承担的义务以及行为方式等。在现实生活中，每个人都时时处于某个社会角色的位置上：在父母面前，扮演子女的角色；在老师面前，扮演学生的角色；在同辈中，扮演同学或朋友的角色；走上工作岗位后，扮演职业角色。一旦某个人充当了相应的角色，就必须有明确的角色意识，即对该角色的性质、社会地位以及相应的义务、权利和责任有清醒的认识。

大学阶段正处于步入社会就业前的准备时期，这个阶段的大学生既要学习、适应大学生这个角色，又要为走上社会的职业角色做准备，还要在已有社会化的基础上，发展自己的个性。这些内容包括确定生活目标、掌握各种社会规范（如学生守则、法律法规、社会公德、职业道德等）和角色技能、培养社会责任感、提高参与意识和角色认识能力、实现角色变迁等。因此，要成为一位名副其实的大学生，就需要认真学习、掌握大学生这个角色的权利和义务，承担应有的职责和任务。

第一，角色意识的变化。

大学新生都有一个角色转换与适应的过程。成为大学生，这是客观事实，但相当一部分新生并没有真正认识到自己角色的转变，角色意识还停留在中学生这一层次。这种角色意识的滞后性，阻碍着新生对大学生活的适应。角色意识的转变关键是角色责任的转变，大学生的称号不仅仅是一种文化层次的体现，更是一种神圣责任的象征。大学生的社会责任主要体现为知我中华，爱我中华，兴我中华，坚定走中国特色社会主义道路的理想和信念；努力学习科学文化知识，成为合格的中国特色社会主义现代化事业的建设者和接班人。

第二，角色位置的变化。

能考上大学的学生在中学阶段大部分都是学习上的佼佼者，平时深得家长、老师和同学们的关注，几乎每个人都有着辉煌的过去。进入大学，如果重新排定座次，就只能有少数人维持原来的中心地位和重要角色。大多数学生将从中心角色向普通角色转变，自我评价可能会受到不同程度的冲击。在中学，学习成绩的好坏，一直是学生自我评价的重要标准。而在大学里，评价人的标准并非单一的学习成绩，能力特长更是在实际生活中衡量一个人素质水平的重要因素，并且后者有越来越重要的倾向。

第三，角色行为的变化。

角色行为的转变是角色转变的关键。对大学生的行为规范，中华人民共和国教育部在《普通高等学校学生行为准则》中做出了详细的规定，而且各高校也相应地制定了许多具体的规章制度，这些都是对大学生的行为规范。大学新生应认真学习，尽快使自己的行为符合大学生这一新的人生角色的要求。

（二）完成角色转变的意义

经过高中三年的努力拼搏和激烈的竞争，学子们告别了中学时代、跨入大学校园，进入一个全新的生活天地。环境适应问题是新生进入大学后所面临的第一个严峻的挑战。大学新生所处的生活环境、学习特点、生活方式、需处理的人际关系等都发生了很大变化。面对求学、交友、恋爱、成才、就业、自我价值的实现等重大人生课题，大学新生难免困惑、迷茫，甚至痛苦和挣扎。一些大学新生出现了各种心理障碍，甚至患上了某些心理疾病。因此，对于大学新生来说，提高对环境的适应能力，对他们顺利实现角色转变、适应当前的新环境、完成大学学业具有重要的意义。

第二节 大学生常见的适应问题

对于大学生来说，复杂多变的大学生活是他们未来发展的起点，同时也是对他们适应能力的挑战。在面对新的转变时，一些大学生常常会由于准备不足、经验不足或能力不足而出现各种适应问题。

一、生活适应问题

（一）气候的不适应

一方水土养育一方人。不论是严寒还是酷暑，不论是多雨还是干旱，不论是嘈杂还是宁静，不论是乡间还是城市，每个人都适应了自己成长多年的环境。但是为什么我们不愿意在一个地方终老一生呢？因为我们要追求更好的生活，所以远赴他乡。在我们身边有很多南方的同学，初到北方，不适应北方的干燥和寒冷。

（二）语言的不适应

一个高校的大学生来自天南海北，每个地方的同学说话时都会带有自己的方言特点，有的还喜欢用网络上的语言，如称呼人为"亲"等，这些会导致大家的交流出现尴尬和不被理解的情况，因此有的同学变得不爱说话，懒于开口。

（三）生活习惯不适应

进入大学后，换了一个新环境，有的大学新生对饮食和生活方式会感到有些不适应。在中学时，一些生活琐事主要依靠父母的帮助。到了大学开始集体生活，父母除了给生活费，其他就帮不上忙了，衣食住行都得由自己处理，对于没有过独立生活经历的学生来讲，会感到无所适从。因为他们缺乏现实生活的磨炼，生活自理能力较弱，自我服务意识淡薄，有相当多的学生无法完全依靠自己的力量处理复杂的实际问题。另外，在集体宿舍里，同学之间的生活习惯、作息时间都有所不同，会让一些大学生难以接受，由此导致与同学间矛盾的产生。

二、学习适应问题

（一）学习习惯的不适应

现在的中学教学通常是以老师为主导，而在大学的教学中，通常课程进度较快，一个学期就要把一门课程学完，而一门课程在一个学期内也只有几十个学时。老师的讲授方式也不尽相同，有的老师可能会在黑板上写一些讲课内容，有的老师只讲不写，有的老师只是启发式地讲解即少讲不写。这就要求学生思想高度集中，认真听课。加之，有的老师每次上完课就离开了，很少给学生布置作业或对学生进行课后辅导，这对于习惯了高中教学模式的学生来讲无疑是一件令人头疼的事，从而导致大学新生入学后很长一段时间不能适应大学的学习。有的大学新生上课不知怎样记笔记，不知如何处理课堂内外的关系，不知如何利用图书资料，不知如何选择参考书和辅导书进行自学，等等，从而延误了学习。

（二）管理模式的不适应

基于高考升学的压力，各中学都把中学生的学习时间安排得很紧密，除保证学生的睡眠时间外，通常不会让学生有自己支配的时间。除了读书，就是吃饭和睡觉，容不得学生再去想其他事情，慢慢学生就习惯了这种固定的管理模式。到了大学完全相反，教室不是固定的，时间很充裕，老师除了上课其他时间不会围着你转，也不会等着你问问题，大学的辅导员也不会像高中的班主任那样天天出现在学生面前，这时有的学生会有一种"无人管反而不习惯"的感觉。

三、心理适应问题

（一）理想与现实的反差

新生在进大学前的心理预期与上大学后的真实感受之间的巨大反差表现在三个方面。

第一，对一般性大学的期望和现实状况之间的巨大差别；第二，对自己所就读的某个特定大学的期望与现实之间的反差；第三，学生对社会赋予的期望、认识与自己亲身接触社会、经历事件后，形成对社会的感受之间的反差。理想与现实的反差给多数新生带来了强烈的整体性心理冲击，它往往延长了新生上大学的适应期限，增加了新生适应大学的难度。

（二）角色与地位的陡跌

多数新生进入大学后会发现，原来的自己在同学眼中是佼佼者、"老大"，是老师眼中的宠儿，可是到了大学里竟然变成了无人问津的"丑小鸭"，有的学生因此而长期处在抑郁情绪中，这种情绪严重影响了他们的学习效率和生活情趣。

（三）情感与归属的失落

在上大学前，每个学生都有一个相对稳定而又比较熟悉的情感与归属网络，即父母（兄弟姐妹）、老师、同学、朋友。而进入大学后，面临一个全新而陌生的人际环境，多数新生深深体验到"独在异乡为异客"的孤独，其突出表现为"没有朋友""无法产生个人价值感"等。这种失落感往往造成新生难以对学校、班级、寝室产生认同感，容易导致一种隐蔽而深刻的认同危机、孤独感、疏远感，并很可能由此而引发其他各种心理不适。

四、 协调发展的适应问题

高中生的发展任务往往比较单一，主要是学习，其他都会被学习所淹没。大学生的发展任务则比较多样，除了学习之外，还有生活自理、人际交往、社会工作、个性完善等多种发展任务。对一个新生来说，如何协调好学习与其他多种发展任务之间的关系，是一个很大的挑战。不少新生往往"顾此失彼"，走向了"两极"：要么是只完成学习的发展任务，无暇顾及其他发展任务；要么是投入社会工作等其他发展任务中，而忽视学习这个基本发展任务的完成，导致期末考试成绩不及格。很少有新生能够统筹兼顾综合规划、合理协调地完成各种发展任务，实现全面发展。协调完成各种发展任务不仅对新生顺利适应大学起着重要的促进作用，而且对他们以后在整个大学阶段的全面发展和潜能大开发也有着重要的奠基作用。

第三节　提高大学生适应能力的方法与途径

一、 独立自主， 适应集体生活

学会独立生活、学会过集体生活是迈上人生道路的第一步。在大学，一个彼此关心、相互谅解的集体，会给每一个同学带来开朗的心境和愉快的气氛。而一个人心离散、感情淡漠的集体，会使人感到压抑，人在其中也会变得自私。生活在一个温暖的班集体、寝室集体中，是每个大学生的愿望，也需要大家的共同努力。

（一） 尽快提升集体凝聚力

从群体的角度来说，建设良好的班集体和寝室集体，就是在增加群体的凝聚力。新生刚入校，相互没有成见，对彼此都有新鲜感，老师和同学都要抓住时机树立良好的班级风气、寝室风气，共同建设团结互助、积极向上的新集体。可以组织形式多样的活动丰富大家的生活；设法发挥每个成员的积极作用，树立班级成员的主人翁意识；还应注意体察同学的疾苦，尽力帮助他人排忧解难，使大家感到集体的温暖，增加集体对同学的吸引力。

（二）养成良好的生活习惯

从个体对群体的意义上来说，大学新生从一开始就要养成符合大学集体生活特点的、有规律的、良好的生活习惯。

（1）要有集体作息制度的观念。学校作息制度是根据学生的心理特点和学校多年教学经验而制定的。如果大家都违反作息制度，就不能称其为集体。不能合理安排学习和休息的时间，要想取得好的成绩是不可能的。从学校的教学秩序上看，没有统一的作息制度，学校也不能高效运转。因此，每个同学都应自觉地遵守学校的作息制度。

（2）要有集体生活的观念。集体生活是由烦琐的生活小事组成的。从统一的作息时间到轮流值日、保持室内清洁与开水供应，从个人衣物的放置到空间的整理美化，从大家在言谈笑语中互相尊重与礼让到不同个性互相包容……也许看起来是平凡的小事，却是集体生活赋予每个人同等的权利和义务，是对每个大学生为人处世、品德修养的检验，是形成积极向上的集体风气的重要基础。

（3）要多为他人着想。由于大学生活是集体生活，饮食起居、学习娱乐都在一起，因此，自己的一言一行、一举一动都要为他人着想，要用尊重去换取他人的尊重，用关怀去赢得他人的关怀，以快乐去换取他人的快乐。创造温暖的集体氛围不应等待别人的努力，每个人都应从自己做起，要学会关心集体，严于律己，宽以待人。

二、学会自律，适应大学管理制度

大学管理制度与中学相比，其变化主要体现在教学管理、公寓管理与学生管理方面。从教学管理上看，大学已实行学分制，学分是衡量学生是否完成教学要求的标准。学生不受学习时间限制，根据自己的实际情况，可提前修满学分提前毕业，也可以延长学习时间。从学生公寓管理上看，大学更多强调学生的自我管理、自我教育、自我服务、自我约束。从学生管理上看，大学的管理属于全面管理、网络管理，学校各个职能部门都直接参与学生管理，如思想教育管理、学籍管理、宿舍管理、课外活动管理、学生组织和社团管理等。

在中学，学校对学生的管理和学习指导都比较具体，校规严格，学生自由支配的项目和时间不多。相比而言，大学的管理制度较为宽松，大学里鼓励学生的个性发展，大学生在学习科目、时间支配、生活安排等方面的自由空间相对较多，但也会使人产生困惑，有的学生甚至因为过度放松导致学业荒废。

绝大多数大学新生都是远离自己的亲人，孤身一人到异地求学，其中大多数同学是初次离开父母独立生活。在大学，衣、食、住、行全靠自己，要求学生有一定的生活自理能力。另外，一个寝室要住几个人，有些同学也会很不习惯。大学新生要尽快进入角色，尝试用更高的要求来约束自己，学会有计划地分配自己的消费支出在集体中生活，还要有宽阔的胸怀，乐于助人，团结友爱。

三、努力学习，适应大学学习节奏

（一）把学习作为主要任务

进入大学后，可能有的学生希望生活享受多一些，有的希望学业进步得快一些，有的希望多做学生工作和其他工作，有的甚至想在课余时间赚点外快，以锻炼自己的实践能力等。这些对自己的期许无可厚非，但不管你把重点放在哪里，对大学生来讲，学习才是首要任务。首先必须学好本专业的知识，同时由于未来需要"一专多能"人才，因此，广泛涉猎其他知识，适当参加社会实践活动也很重要。

大学几年是年轻人精力最充沛、最具创造力的时候，因此，要合理规划大学生活，及早迈向成功人生。大学的学习几乎是堂堂换老师，节节换教室，上课同争议，下课各分散。自学是大学学习的主要特征，不仅上课所学的要靠自己的自觉性去消化吸收，整个的知识体系也要靠自己去补充完善。所以，除了专业学习外，应适当涉猎课外知识，使自己丰富起来。学业上各门课程成绩起码要达到及格以上，而且要适应各门课程不同老师的教学风格，达到他们各自提出的学习要求。大学中的学习不仅仅是你在课堂上学习的那些知识，还有其他各种各样广泛的知识。我们需要学习的内容很多，如学习如何去生活，如何享受自己的生活；学习如何去做人，吸收别人身上的长处，改掉自己身上的不足，做一个大家都称赞的人；学习如何去爱，知道什么样的爱才是你需要的；学习怎么样对待爱情、友情和各种各样的感情。

最重要的是如何去学习，一个优秀的人才必须具有的能力就是学习能力，只有拥有了好的学习能力，同时不断去学习，才能进步。"活到老，学到老"，这不是没有道理的，在大学里，如果能学会如何去学习，才是真正意义上的学习。

（二）树立学习目标

所谓目标是指行为活动想要达到的境地或标准。好的目标会产生强有力的刺激，是促进行为活动的直接动力。但并不是所有目标都能起到激励作用，我们在确立学习目标时应注意遵循以下几个原则。

1. 目标要明确、具体

不明确的目标不能激发学习动机，只有明确的目标才能使我们了解差距，找到努力方向，增强信心。目标确立后，还要学会把目标具体化，这样才便于目标的操作、实施。要注意目标设置的层次性，如把目标分为近期目标、中期目标、长期目标等。

2. 目标的难易程度要适当

轻而易举就能达到的目标不会使人产生动力，高不可攀的目标也会令人望而却步。所确定的目标一定要从自身的条件和能力出发，切忌盲目，好高骛远。

3. 目标的设置要现实

选择个人学习目标不能离开个体所处的具体环境和条件，如所在学校的学习条件、所在家庭的经济条件、自身的素质等。目标没有可行性，激励作用也就无从谈起。

四、寻求心理帮助，维护身心健康

新生来到大学以后，人生开始了一个新的里程，许多事物都在发生变化，因此，在心理上将会产生一些不适应，要学会全面、客观地看待事物，积极寻求心理帮助，学会一些心理调适方法，摆脱负面情绪，维护身心健康。

常见的心理调适方法有以下几种。

（一）放松调节法

当人处于紧张焦虑的状态时，生理上会伴随肌肉紧张、心跳较快、呼吸急促、口干舌燥等反应。因此，采用肌肉和呼吸放松法可以缓解焦虑紧张的情绪。大学新生产生这样的情绪时，可以通过系统的深呼吸，使身体各个部位随着呼吸节奏得以放松，恢复呼吸和心跳正常，还可以通过有节奏的肌肉骨骼的收缩和放松达到肌肉的松弛，解除肌肉的紧张，缓解紧张焦虑的情绪。

（二）宣泄调节法

当大学新生出现负面情绪时，如果过分压抑，只会使自己越来越难受，对身心健康产生不利影响。如果适度宣泄，把负面情绪释放出来，就可以使负面情绪得以舒缓，最终回归平静。宣泄调节有行为运动调节和心理调节。前者如大哭一场、击打替代性的物体、进行体育运动等，使自己的不良情绪得到宣泄，从而从困扰中摆脱出来。心理调节包括向他人倾诉自己内心的苦闷，将不愉快的情绪通过日记的形式表达出来，或向他人写信等，寻求外部的关爱支持，从而得到认知上的改变和情感上的慰藉。

（三）认知调节法

美国心理学家艾里斯提出了理性情绪疗法，认为引起情绪状态的不是事件本身，而是人对于事件的认识和评价。因此，改变不合理的认知，产生对事件正确合理的认识和解释，就能改变不良的情绪。大学新生面对各种环境变化还不能及时作出正确的认识和判断，因此产生很多负面情绪。如果换个新角度思考问题，对问题作出理性的认识和分析，与原来自身产生的不合理信念进行比较，就可以较快转变原来的不良情绪状态。

（四）想象调节法

当自己面临不良情绪困扰时，也可以通过想象来进行调节。比如：当大学新生感到焦虑不安时，可以想象自己在一个安静的、风景优美的地方散步，自己感到很愉悦、很轻松，从而走出焦虑的阴影；当自己处于一个感到恐惧的情境时，可以想象自己曾经是一个很强大很勇敢的人，从而战胜自己的内心恐惧，以充满自信的姿态去面对（见图 3 - 1）。

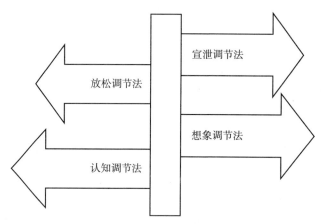

图 3 - 1 常见的心理调适方法

第四节 游刃有余——大学生适应障碍案例分析

大学生活可谓是荆棘与鲜花同在，机遇与挑战并存。任何人进入新的环境，都会产生某种程度的不适应，这是非常正常的现象，对于大学新生来说，自然也需要一个适应过程。在大学，每一个学生都经历了一个重新评价自己与他人、重新确立对自己看法的过程。要让自己在学校这个大熔炉里锻造成钢，就必须尽快适应大学生活，完成从"旧状态"向"新状态"的转变。

案例1 这是我梦中的大学吗？

跨入大学校园的那一天，小娜的心里充斥着忐忑与不安。曾几何时，大学生活在她的梦境中浮现，她也不知道多少次幻想过无数的细节，当她接到录取通知书的那天，这种幻想终于照进现实，小娜信心满满。但是，大学生活的现实却与梦想相去甚远。

入学后，小娜逐渐发现，不论是想象中的同学，还是魂牵梦萦的校园，都远不如自己幻想中的那般美好，当所有的期待都落空，小娜产生了失望和难过情绪，陷入了深深的迷茫。就这样，脑海中七彩斑斓的梦幻褪尽了颜色，仿佛被抽空了所有力气，小娜的大学生活在一片黯淡的底色下开始了。

从匆忙地奔走于各个教学楼寻找教室，到拿着书本占据座位，再到目送叫不上名字的老师匆匆离开的背影，小娜所体验到的大学生活，就像笼罩在一片阴影之中，令她在寄予厚望的大学课堂上昏昏欲睡。在天南海北的遥远关系中，她找不到想象中的知己，也难以感受到深刻的认同，只有一不小心弄出的不愉快，那些生活的琐碎，与同学之间距离的遥不可及，令小娜开始怀念中学。

日子一天一天过去。晚上躺在床上，盘点一天的生活，竟然发现如同一张白纸，没有在脑海中留下什么痕迹。她很想找老师聊聊，可总是赶着上下一节课，而老师总是上完课就不见了踪影。她开始厌恶上课，每次总是坐在最后一排。不上课的时候，她就去上网找同学聊天，向他们倾诉心中的失落。她不明白，曾经千辛万苦为之奋斗的大学，为何没有一点梦境中的色彩……

（资料来源：赵建芳．大学生心理健康教育［M］．沈阳：东北大学出版社，2017．）

案例分析：

这是一个典型的因理想与现实的反差带来失落与迷茫的案例。

很多大学新生进大学前，往往凭着想象把大学描绘得过于理想化，充满神秘、浪漫色彩，把大学想象成自由的王国、开放的国度、浪漫的伊甸园，对大学抱有很高的期望值，认为大学生活快乐而美好，以致他们非常憧憬大学生活。但到了大学以后，发现理想中的大学与现实的反差很大，现实生活不是仅有诗情画意，还有学业、家庭、学校、就业等压力摆在面前，象牙塔里同样有烦恼、痛苦和无奈，心理的认知落差油然而生。

这就导致一些大学新生产生了失望心理，他们情绪低落、意志消沉，甚至厌倦大学生活，失去了进取心。一些学生常常处于怨天尤人的情绪中，逐渐丧失学习的信心和兴趣，甚至出现自暴自弃等状况。此外，也有部分学生因未能被录取到自己所喜爱的专业，缺乏学习动机和学习兴趣，对自己的前途感到茫然、困惑。

面对新的环境变化，大学新生可从以下几点入手，努力培养自己适应新环境的能力。

第一，要有积极乐观的心态，意识到大学生活虽然没有想象得那么美好，却也没有那么糟糕。唯有抛开等待和逃避，主动去探索和认识环境的变化，才能早点适应周围的环境，成功进入理想的生活状态和学习状态。而只有充实地度过每一天，为迎接美好未来做好充足的准备，才能实现个人价值和理想。

第二，要培养自己的兴趣爱好，充实愉快地安排好大学生活。大学新生要合理利用课余时间，一方面积极参与校园文化生活，在这个过程中锻炼自己的各种能力，提高自身综合素质；另一方面要培养自己广泛的兴趣爱好，丰富自己的生活内容，增添生活的情趣，培养自己高尚的情操。

案例2　我被世界抛弃了

小瑾在十年寒窗苦读后，终于考上了梦寐以求的大学。接到大学录取通知书时，全家几乎是喜极而泣。

然而，当她步入大学后，她的生活变得一团糟。在小瑾寝室里好几个同学都是本地人，她觉得她们是另一个世界的人，说着她听不懂的当地方言，且每个人都知识丰富、思想活跃。在她们面前，小瑾感觉自己像个傻子，什么都插不上嘴，接不上话，而老师在课堂上又讲着一些莫名其妙、深不可测的东西。

深夜，她脑海里常常萦绕着这些问题："我该怎么在众多天之骄子的夹缝中生存？我的价值、我存在的意义究竟是什么？"她觉得自己孤零零的，似乎被整个世界遗忘了。

小瑾陷入低落的情绪中无法自救，她甚至常常失眠、头痛，白天也食欲不佳，烦躁、胸闷、乏力，精神紧张，每天都过得痛苦不堪，无法安心学习。

案例分析：

这也是一个大学生因生活不适应而产生各种负面情绪甚至引起健康危机的案例。许多大学生都遇到过或者正面临着类似的问题。大学生对学习生活的不适应主要表现为学习成绩下降、情绪低落、人际关系紧张、有自卑感、孤独感等。迈入大学校门，每个学生都面对新的环境、新的老师和同学，客观情况的变化要求他们作出相应的调整，以适应大学生活。当然每个人从熟悉的环境进入陌生的环境后，都需要一个过程。这个过程包括对新环境的熟悉，了解新环境对自己的要求，以及从过去的生活方式、思维方式中解脱出来，慢慢适应新环境的要求等。所以，大学生要在开学初期尽快改变与当前环境不相适应的原有的生活习惯、思维方式，逐渐形成适应新环境的生活和行为方式。

小瑾想要改变自己的现状，首先就应当完成对自我的重新评估，建立自信心，再逐渐学会人际交往的技巧，改善对其他人的看法，重建良好的人际关系。只有消除了消极的心理因素，用积极的态度去面对新的环境、新的生活，才能够有助于学习成绩的提高。下面是帮助小瑾尽快适应新生活的几点建议。

第一，克服自卑心理，正确全面地进行自我评价，认清自己所处的位置，客观评价自己的能力及优缺点。

第二，积极主动地与他人交往。俗话说，一回生，二回熟，三回成朋友。再好的朋友最初也是陌生人。人际交往有"自我循环"特性：越是怕陌生，越是不敢交往，陌生感越是强烈；越是不怕陌生，越是敢于同陌生人接触，陌生感越是消失得快。特别是与同学交往中，互相交流一下初到大学的感受，你会发现，很多情感、心理活动是一样的。情感的共鸣，有助于心理上的沟通，会增进相互间的理解。一个人来到一个陌生的环境，一时的不适应是很自然的，从不适应到适应是人人都要经历的过程。

第三，培养业余兴趣爱好。大学时光，自己支配的时间比较多。整天紧张的学习会使人感到生活单调乏味，培养一下业余爱好，如跑步、画画、打球、跳舞等，不仅可以调剂枯燥的学习生活，还可以和周围同学更快地熟悉起来，从而结交一些新的朋友。在节假日积极参加丰富多彩的课外活动，可以消除孤独和寂寞。

第四，可以多读一些有关情绪调节等对身心健康有益的书籍，保持乐观向上的情绪，不仅能够缓解心理压力，还能够减轻学习压力，同时可以开阔视野、增长知识，有助于自己的身心健康发展，促进自身体质的全面提高。

案例3　真怀念过去的生活

小C，女，18岁，来到心理咨询室内倾诉心中的苦恼："刚上大学远离了父母，远离了昔日的朋友，面对陌生的环境，各方面都不适应，我心里非常迷惘、非常伤感，甚至产生恐惧心理。我十分想家，想念自己以前的高中同学，留恋以前熟悉的生活环境。大学的学习生活开始之后，最初的惊奇与新鲜逐渐褪去，我开始感到孤独、压抑。每天背着书包在校园中奔波，感觉大学生活是那么的平淡和无聊。另外，洗澡要排队，衣服要自己洗，食堂的饭菜又难以下咽，为此我每天给家里打长途电话诉苦。"

案例分析：

生活适应问题在刚进大学的新生中较为常见。绝大多数大学新生远离熟悉的家人、家乡到异地求学，生活环境和生活方式发生巨大转变。大部分人在中学阶段没有住过集体宿舍，日常起居由父母安排，习惯了父母的照顾，缺乏必要的生活技能和生活经验，有很强的依赖性，生活自理能力差，无法适应衣、食、住、行等日常问题全靠自己安排的集体生活。由于饮食方面的差异，作息制度与生活习惯的不同，气候和语言环境的变化，起居条件与家中环境巨大的反差，不少新生对大学生活感到不适应，有的学生情绪低落，出现烦躁、痛苦、紧张不安等焦虑情绪，不少学生会产生孤独感。

大学新生对于生活环境的不适应可能会引发一些相对明显的外在行为，如：不能合理安排自己作息，生活不规律；不能合理消费，开支过度；不能科学安排时间，把大量时间浪费在游戏、打牌等休闲娱乐上。另外，可能还有思乡想家、失眠、水土不服等情况。

想要改变现状，可从以下几点做起。

第一，主动适应，尽快掌握生活新技能。大学新生要根据周围环境的变化去调整自己的生活习惯。比如异地的学生要积极与本地学生进行交流，了解当地的自然环境、风俗习惯、方言、生活方式等，做好应对这些变化的准备。

第二，要培养独立生活的能力，养成良好的生活习惯，形成健康的生活方式。进入大学校园后，新生应尽快形成独立生活的意识，自主地计划和管理好自己的生活，包括制定有规律的作息时间、合理的饮食、养成良好的卫生习惯、合理进行理财和消费，要拒绝和远离种种不良的生活习惯和方式，如抽烟、酗酒、玩通宵、沉迷于网络游戏、铺张浪费等。

第四章

随方就圆，能尊能卑：
大学生人格完善

第一节 人格概述

人格是伴随着人的一生不断成长的心理品质。人格的成熟意味着个体心理的成熟，人格的魅力展示着个体心灵的完善。人格是一个丰富而复杂的心理成分，它凝聚着文化、社会、家庭、教育与先天遗传的个体风貌。"人有千面，各有不同"，人格有鲜明的个性特征，人格的差异铸就了个体千差万别、千姿百态的心理面貌。

一、人格的含义

"人格"一词是我们日常生活中的高频词汇，我们经常说"他具有高尚的人格""他出卖了自己的人格""他具有健全的人格"等。人格一词涵盖了法律、道德、社会、哲学等领域。人格（personality）一词最初来源于古希腊语 Persona，是指演员的面具，面具会随着角色的变化而不断变化，后来此词被用作描述人的心理。心理学上的人格内涵极其丰富，但基本包含两方面的意义：一是个体在人生舞台上所表现出的种种言行所遵从的社会准则，这就是我们可以观察到的外显的行为和人格品质；另一方面是内隐的人格成分，即面具后面的真实自我，是人格的内在特征。

（1）人格是构成一个人的思想、情感及行为的特有的统合模式，这个模式包含了一个人区别于他人的稳定而统一的思想品质。

（2）人格是指稳定的行为方式。

（3）查尔德认为人格是使个体的行为保持时间的一致性，并且区别于相似情境下的其他个体行为的比较稳定的内部因素。

（4）人格是"稳定的""内部的""一致的"，区别于他人的心理品质。人格存在于个体内部，并不是外部行为。

二、人格的特征

（一）独特性

个体的人格是在遗传、环境、教育等因素交互作用下形成的。不同的遗传、生存及教育环境，形成了各自独特的心理特点，我们经常所说的"人心不同，各如其面"就是指的这个意思。如有的人开放自然，有的人顽固自守，有的人沉默寡言，有的人豪爽，有的人谨慎等。环境会使某一人格品质在不同人身上表现出不同的含义。如独立性这一人格特质，在缺乏父母爱护的家庭中成长的孩子，独立带有靠自己努力的含义；而在一个民主型家庭成长的孩子，独立则作为健全人格培养的重要部分。

（二）稳定性

人格的稳定性是指那些经常表现出来的特点，是一贯的行为方式的总和。正如我们所说："江山易改，本性难移。"一个人的某种人格特质一旦稳定下来，要改变是较为困难的事。这种稳定性还表现在人格特征在不同时空下的一致性。例如，一个性格外向的大学生，他在家庭中非常活跃，在班级活动中也会表现出积极主动的一面，在老师面前能自然地表现自己，不仅大学四年如此，即使毕业若干年再相逢，这个特质依旧不变。

（三）统合性

人是极其复杂的，人的行为表现出多元性、多层次的特点。人格的组合千变万化，并非死水一潭，各种人格结构的组合千变万化，因而使人格表现得色彩纷呈。在每个人的人格世界里，各种特征并非简单地堆积，而是如同宇宙世界一样，依据一定的内容秩序与规则有机组合起来的动力系统。人格的有机结构具有内在一致性，受自我意识的调控。当一个人的人格结构的各方面彼此和谐一致时，就会呈现出健康的人格特征，否则就会出现各种心理冲突，导致"人格分裂"。

（四）功能性

人格是一个人生活成败、喜怒哀乐的根源。人格决定了一个人的生活方式，甚至有时会决定一个人的命运。面对挫折与失败，性格坚强的人认真总结经验在失败的废墟上重建人生的辉煌；而怯懦的人则一蹶不振。当人格功能发挥正常时，表现为健康而有力，支配着人的生活与成败；当人格功能失调时，就会表现出懦弱、无力、失控甚至变态。

三、与人格相关的概念

个性、性格、气质这三个概念与人格概念关系密切且容易混淆。为了进一步理解人格的概念，有必要对这几个概念进行简要的阐释。

个性（individuality）往往作为人格的同义词来使用，这与英语单词"personality"的翻译有关。1949年以来，我国心理学界从俄文著作中翻译了大量心理学文献，把"人格"意义上的俄文单词都译为"个性"。严格来讲，个性与人格是有区别的，个性是强调人的个体差异（individual difference），从差别的角度来看一个人不同于他人的特点；而人格是对一个人的总的描述或本质的描述，具有整体性、统一性的特点。个性一般包括倾向性的需要、动机和非倾向性的能力、气质、性格等个性心理特征；而人格主要包括先天的气质基础和后天的性格刻画。

性格（character）是指人的品行道德和风格。它是人格结构的一个重要组成部分，是个人有关社会规范、伦理道德方面的各种习性的总称，是不易改变的、稳定的心理品质，如诚实、坚贞、奸险、乖戾等可作为善恶、好坏、是非等价值评价的心理品质。当代美国心理学文献中不常用"character"，在西欧的心理学文献中"character"常与"personality"混同使用。在我国的心理学文献中，性格和人格是两个不同的概念：性格包含于人格之中，它是人格结构的一个主要成分。但在日常生活中，人们常常把人格和性格混同起来，所以我们有必要把人格和性格这两个概念区别开来。

气质（temperament）是个人生来就具有的心理活动的动力特征，也就是我们平时所说的禀性、脾气。例如，有人暴躁易怒，有人温柔和顺等。气质是一种人格特征，即依赖于生理素质或身体特点的人格特征。气质与人格有密切的联系。例如，气质作为人格形成的一项变量在新生儿阶段就表现出来，这些气质特征会影响父母或哺育者与婴儿的互动关系，进而影响其人格的形成。气质使人的全部心理活动都染上了独特的色彩。气质和人格的区别在于，人格的形成除了气质、特质等先天禀赋作基础之外，社会环境的影响也起着决定性的作用，气质仅属于人格中的先天倾向。

四、人格的影响因素

人格心理学家认为，人格是由遗传与环境共同塑造而成的。接下来我们来逐一了解人格的影响因素。

（一）遗传因素

你可能听人说过："某人像他爸爸一样固执"，"某人像她妈妈一样开朗"。这就是在说人格的遗传性。行为遗传学的研究表明，几乎所有的人格特质都受遗传因素的影响。斯蒂格等对 336 对双生子的积极人格特质进行了调查，调查的内容涉及 24 种积极的人格特质（如勇敢、善良等）。研究发现，在 24 种积极人格特质中，有 21 种受遗传影响较大。例如，就勇敢来说，同卵双生子的相关系数为 0.50，而异卵双生子的相关系数仅为 0.19[①]。

凯根对害羞的遗传基础进行研究，发现从出生的第一天起，新生儿就已经在对刺激物的反应程度上表现出差异。大约 20% 的孩子害羞反应强烈，其中 10% 的孩子极其羞怯；35% ~ 40% 的孩子对新刺激反应冷静；另外 10% 的孩子对新刺激则表现得非常大胆。这些差别无疑是由遗传所导致的。在他们出生后的最初几个月内，许多易激动、羞怯的婴儿变得害羞和内向，而那些不易激动、更加大胆的婴儿变得外向，并且大部分孩子在 11 年后的测试中仍然保持着相同的气质类型。这种稳定性反映了遗传对人格的长期影响[②]。

遗传会决定我们的人格吗？答案是否定的。遗传会为我们设定对某些生活情境作出反应的大致范围，但我们所具有的独特的家庭地位和生活经历使得我们的人格成为独一无二的。

（二）环境因素

即便是遗传学家也承认，遗传因素只能解释我们人格的大约一半内容，其余部分则由环境因素来解释。

1. 家庭环境

许多人格理论强调早期经历。我们的人格在很大程度上取决于我

---

① 理查德·格里格，菲利普·津巴多. 心理学与生活（第 19 版）[M]. 王垒，等译. 北京：人民邮电出版社，2014：428.
② 菲利普·津巴多，罗伯特·约翰逊，薇薇安·麦卡恩. 津巴多普通心理学（原书第 7 版）[M]. 钱静，黄珏苹，译. 北京：中国人民大学出版社，2016：425.

们的父母，不仅是因为我们继承了他们的基因，还因为他们为我们提供了成长的环境。那些被遗弃在条件恶劣的孤儿院中的孩子，大都表现出身心发展不良的状况。不良的看护环境影响了这些孩子人格的健康发展。

2. 社会和文化环境

虽然害羞是一种普遍的人格特质，但在不同文化群体中，认为自己害羞的人群比例存在很大差异。有研究发现，大约40%的美国成年人认为自己是害羞的人。但是在亚裔美国人中，这个数字约上升至60%。而在犹太裔美国人中，这一数字则约下降到25%。在我国被试和以色列被试中进行的研究也发现存在类似的差异。[①] 为什么会有这么大的差异呢？访谈发现，两种文化对待儿童成功与失败的方式不同。在许多亚洲国家，一个孩子取得成功可能会是父母、老师、教练等，甚至各种神灵的功劳。但是如果一个孩子失败了会是谁的责任呢？所有的责任可能都会落在这个孩子身上。这种文化容易导致回避风险、小心谨慎的行为风格产生，也就是说个体会更容易成为一个害羞的人。而在以色列，遭遇失败的孩子将得到所有人的安慰，并且父母及其他人会说，由于没有给予孩子足够的照料和充分的训练、竞争不公平等而导致孩子失败。但是一旦取得成功，孩子将会得到很多赞扬。以色列文化教导他们：没有损失，只有收获。而这正是对抗害羞的关键因素。由此可见，人格在很大程度上取决于在我们成长过程中与我们互动的那些人，如我们的父母、兄弟姐妹、朋友、同学和老师等。

（三）遗传和环境的交互作用

如果一个孩子内向、不爱笑，害怕陌生人，另一个孩子外向、爱

---

① 菲利普·津巴多，罗伯特·约翰逊，薇薇安·麦卡恩. 津巴多普通心理学（原书第7版）[M]. 钱静，黄珏苹，译. 北京：中国人民大学出版社，2016：425.

笑，活泼勇敢，你更愿意与哪个孩子一起玩呢？相信很多人会更愿意选择与外向爱笑的孩子一起玩，而内向的孩子则会营造出一种缺乏支持的氛围。这种氛围的差异反过来会让原本害羞的孩子变得更加害羞，让大胆的孩子变得更活泼开朗。遗传和环境以这种方式产生交互作用，最初的遗传特征随着时间的流逝得以加强或削弱。

第二节　大学生人格发展的不足与常见障碍

一、大学生人格发展的不足与缺陷

人格是一个人的整个心理面貌。在大学生人格形成、发展的过程中，由于其自身的心理成长经历，各种外在客观条件、内在心理冲突、不良成长环境、心理应对方式等内外因素的作用，会不同程度地影响大学生人格的健康发展。

（一）大学生人格发展的不足

大学时代既是学习掌握知识的黄金时代，也是人格发展的重要阶段。但在大学生人格发展中普遍存在着人格发展不足的情况，主要体现在以下几方面。

1. 空虚

空虚心理的典型特征是缺乏明确的人生目标，对人生的意义、自我存在的价值和现状感到迷茫，沉溺于幻想中，终日无所事事，得过且过、随波逐流。大学生之所以会感到空虚、迷茫，是失去了目标的牵引和激励作用。目标是我们前行路上的灯塔，人一旦失去目标，仿佛失去了方向，不知道该往何处去，更不知道如何去努力，而在这一过程中，人渐渐地会对生命的价值产生怀疑。

大学生一旦陷入这种状态中，做任何事都是基于外在环境的要求而并非出于内心目标的驱动，他们学习只是为了通过考试，因此学习过程中也是机械式、麻木的，缺乏主动性和创造性。大学生要克服空虚心理，避免形成这一带有明显缺陷性的人格，具体的做法是为自己找到人生奋斗的目标，如"我最终想成为什么样的人""过什么样的生活""实现什么样的人生价值"等，然后根据这一奋斗目标来为自己设置阶段性目标，不断地挑战自己，一点点向梦想中的自己靠近。

2. 懒散

懒散指的是一种慵懒、松垮的生活状态，其主要表现有：做事磨蹭、拖拉、缺乏计划性；精力分散，对待学习不认真；不愿意外出，做什么都提不起兴趣，只愿意睡觉、玩游戏；缺乏决断力，做事瞻前顾后、犹豫不决。很多大学生虽然意识到自己的状态不好，却始终无法下定决心从这种懒散的状态中脱身而出。渐渐地，他们变得越来越自卑，缺乏行动力，甚至逐渐形成懒散型人格。

其实，想要摆脱这种状态，就一定要从小事做起，从日常的行为中去纠正自己。比如早上早起半小时看书，上课时认真听讲，下课后专心完成老师布置的任务等。平日也要学会时间管理，劳逸结合。在这个过程中，你会变得越来越自律，越来越自信，也离梦想中的生活越来越近。

3. 退缩

退缩是指在面对生活或学业上的各种压力、问题时所表现出的畏惧、逃避的心态。其典型特征包括：当压力袭来时，第一反应是退缩，不愿意承担属于自己的那一份责任；面对困难时，无论自己是否有能力解决，都会产生一种畏难、不愿意尝试的心理；总是在想象中将困难与挫折无限放大，根本不相信自己有解决问题的能力，等等。习惯性退缩的大学生在人前人后总是抱怨自己的运气不好，总是满身的负能量。而避免形成这一缺陷型人格的方法是给予自己积极的心理暗示，鼓励自己勇敢地面对生活和学业中的挫折，平时也要尝试着去发现自己的优点，主动地去寻求解决问题的方法，只要你勇敢地迈出第一步，品尝到了成功后的喜悦感，就有了继续前行的勇气。

4. 偏狭

偏狭型人格的人通常心眼较小，凡事斤斤计较、耿耿于怀，面对比自己优秀的人时总是存在着一种嫉妒的心态。这种人格特征对大学生的发展有害无益，它将严重地影响大学生的人际关系甚至是未来的发展。想要克服偏狭人格，大学生就一定要放平心态，在待人处事上要更为大方、宽容，平时要尽量开阔视野，不要将自己局限于一方狭窄天地。

5. 虚荣

在大学生群体中，虚荣人格也很常见。一般而言，虚荣的人更看重荣誉，更在意他人的评价，平日里总表现出一副自视甚高、自以为是的样子。虚荣心强的人往往也有着较强的自尊心、较强的攻击性和防御性。他们喜欢抬高自己的形象，不遗余力地塑造别人眼中完美的自己，尽管这一形象与真实的自己相差甚远。

想要克服虚荣人格，大学生首先要对虚荣心的危害及自我的优点与缺点有着足够的认识，并正确地去评价自我；其次，大学生要与周围的人友好相交，努力建立正向和谐的人际关系；最后，大学生要正确看待他人的评价，并以一颗平常心去面对个人的荣辱得失，懂得自尊自重。

6. 焦虑

焦虑人格往往伴随着不安、恐惧、紧张等不良情绪体验，适度的焦虑对于一个人的身心健康是有益的，但如果高度焦虑，又未能得到及时有效调整，则易导致心理失衡。在心理学中，焦虑情绪被划分为状态焦虑和特质焦虑。考试焦虑是大学生常见的一种状态焦虑，即在考试之前，尤其是在重大的考试前会出现焦虑情绪。社交焦虑也是一种常见的状态焦虑，即在人多的场合，或者与权威人士交谈时表现出的焦虑情绪，表现为说话结巴、表情紧张、词不达意。对于状态焦虑，可以通过放松训练、熟悉环境、增加经验等方法予以缓解。特质焦虑是来源于个体内在的、天生的气质或人格类型的焦虑，相对稳定，矫正起来也比较困难。

（二）大学生人格发展的缺陷

在人格结构中，健康的人格往往有着各种积极正面的人格特征，拥有健康人格的个体在性格、兴趣、能力等方面都发展得较为均衡，使得个体能游刃有余地融入不同的社会环境，在面对困难和挫折的时候也能坚强地去应对。然而，在现实生活中，一些人由于外在或内在的原因导致人格发展偏离正常的轨道，展现出种种缺陷及人格发展不协调。比如：有的大学生虽然学习能力出众，却无法正确处理社交关系；有的大学虽然渴望变成更优秀的人，却胆小自卑，不敢尝试新鲜事物；等等。而大学生人格发展不良倾向的程度不同，表现也是多种多样。

1. 气质、性格方面的人格发展缺陷

由气质方面引起的不良倾向主要有：总是一副情绪不佳、精神萎靡的样子，遇到挫折时容易自怨自艾、一蹶不振，内向拘谨，懦弱自卑，优柔寡断等。

由性格方面引起的不良倾向主要有：对学习或工作缺乏恒心与毅力，总是半途而废，无法坚持做一件事；不够自律，缺乏行动力；总是被动地进行选择，"打一鞭子向前迈一步"；骄傲自大，自尊心强；在人际交往方面较为孤僻多疑等。

2. 能力方面的人格发展缺陷

当大学生缺乏自理能力、人际交往能力，学习成绩不佳等而又不能正视和接受自我时，也会导致他们形成某些人格发展缺陷。大学生能力可以表现为自学能力、操作能力、表达能力、管理能力、人际协调能力和综合应变能力等，其中，当前大学生比较关注的是后四项能力，具体如下：

其一，在表达能力上拥有明显的缺陷，具体表现为：无法精准、生动地用口头语言或书面语言（包括中文与外语）去传达出自己的想法或意见。比如：有的学生口语很强，在书面表达上逊色很多，要么语法错误，要么词汇量不够；有的学生有着很强的书面表达能力，写得一手好文章，但在口语表达上却很差劲，要么说起话来结结巴巴，要么扭扭捏捏，不敢大声地在人前说话，不敢参加公众演讲。

其二，在管理能力上拥有明显的缺陷，具体表现为：无法游刃有余地组织、协调人群共同执行某项计划，完成某项任务。

其三，在人际协调能力上拥有明显的缺陷，具体表现为：在人际交往中总是以自我为中心或以自己的利益为核心，不听取他人的意见，或不在乎他人的利益，导致双方无法展开公平的交往。

其四，在综合应变能力上拥有明显的缺陷，具体表现为：因知识匮乏或经验不足，缺乏想象力、创造力，无法独立自主地完成某些不那么简单的工作，或在事情发生变化的时候无法自如应对等。

以上简单列举了大学生人格发展缺陷的一般表现特征，不可否认的是，大学生群体人格发展的主流是健康向上的。我们应深入分析大学生产生人格发展缺陷的种种原因，帮助大学生形成健康、协调的人格。

二、大学生常见的人格障碍

大学阶段是一个人人格发展的重要阶段，很多重要的人格特征在大学生活实践中慢慢形成，因此，大学阶段对每个学生来说都是非常关键的时期。也正是因为这一时期的关键，一旦人格在发展中出现偏差，就容易慢慢地形成我们所谓的人格发展异常。人格发展异常也称人格障碍，表现为成年期间的固定的适应不良的行为模式。人格障碍不能称之为精神病，但是会给本人及其周围的人造成困扰。人格障碍的影响具有一定的辐射性，会渗透个体本身的学习、生活、事业、家庭等方方面面，因此，我们有必要对人格障碍进行了解并且避免其发生。人格障碍在大学生中间也存在一定比例。

（一）人格障碍的主要特征

人格障碍又称人格异常，是指一个人在行为模式上与社会文化背景相背离并给自身造成痛苦、给周围带来麻烦的异常（反应、动机和行为）状态。存在认知障碍或智力障碍的人，不能被列入人格障碍的范畴。一般来说，人格障碍的人具有以下几种特征。

（1）人格障碍的主要行为特征包括心理状态十分不稳定，难以同他人相处等。

（2）把自己所遇到的任何困难都归咎于命运或别人的错误，因而不能感觉自己有缺点，自己有什么需要改正的。具有人格障碍的人经常把社会或外界的一切看作是荒谬的、不应该如此的。

（3）认为自己对别人没有责任可言。如对不道德的行为没有罪恶感，伤害别人而不觉得后悔，并对自己的所作所为做出自以为是的辩护。他们的行为后果伤害了别人自己却能泰然自若。

（4）他们走到哪里总是把自己的猜疑、仇视和固有的看法带到哪里，任何新环境的气氛无不受其行为特点的影响。

（5）从解剖生理上看，人格障碍患者可能有某种神经系统功能上的障碍，但一般没有神经系统的形态学上的病理变化，而且其意识是清醒的，认识能力是完整的，没有意识和记忆力障碍，无智力活动缺损。

（二）人格障碍的类型

1. 偏执型

偏执型人格的人常常表现出如下行为特点。

（1）极度的感觉过敏，对侮辱和伤害耿耿于怀；思想、行为固执死板，敏感多疑，心胸狭隘。

（2）爱嫉妒，对别人获得成就或荣誉感到紧张不安，妒火中烧，不是寻衅争吵，就是在背后说风凉话，或公开抱怨和指责别人。

（3）自以为是，自命不凡，对自己的能力估计过高，惯于把失败和责任归咎于他人，在工作和学习上往往言过其实；同时又很自卑，总是过多过高地要求别人，但从来不轻易信任别人的动机和愿望，认为别人心存不良。

（4）不能正确、客观地分析形势，有问题易从个人感情出发，主观片面性大。

2. 强迫型

强迫型人格表现为强烈的自制和自我束缚，他们过多地关注自己的行为是否正确，举止是否得当，具有完美主义倾向，对别人比较不放心，具有不安全感，拘泥于细节。强迫型人格具体行为表现为以下几个方面。

（1）心里总笼罩着一种不安全感，常处于莫名其妙的紧张和焦虑状态。如门锁上后还要反复检查，担心门是否锁好，写完信后反复检查邮票是否已贴好，地址是否写对了，等等。

（2）思虑过多，对自己做的事总没把握，总以为没达到要求，别人一怀疑，自己就感到不安。

（3）行为循规蹈矩，不知变通。自己爱好不多，清规戒律倒不少。处理事情有秩序，整洁，严守时刻，但对节奏明快、突然到来的事情显得不知所措，很难适应，对新事物接受慢。

（4）对自己要求严苛。过分沉溺于职责义务与道德规范，无业余爱好，拘谨吝啬，缺少友谊往来。总之，强迫型人格总是给人以刻板、僵死、缺乏生命活力的印象。

3. 自恋型

对自恋型人格障碍的诊断，目前尚无完全一致的标准。一般认为其特征主要如下。

（1）对批评的反应是愤怒、羞愧或感到耻辱（尽管不一定当即表露出来）。

（2）喜欢指使他人，要他人为自己服务。

（3）过分自高自大，对自己的才能夸大其词，希望受人特别关注。

（4）坚信他关注的问题是世上独有的，不能被某些特殊的人物了解。

（5）对无限的成功、权力、荣誉、美丽或理想爱情有非分的幻想。

（6）认为自己应享有他人没有的特权。

（7）渴望持久的关注与赞美。

（8）缺乏同情心。

（9）有很强的嫉妒心。

只要出现其中的五项，即可诊断为自恋型人格。

4. 依赖型

在幼儿园里，常发现有那么几个孩子，每次家长带他们到幼儿园时，总要哭闹一场，痛苦得犹如生离死别。在学校里，也有恋家特别严重以致无法住集体宿舍的学生。这些孩子对家长有着过分的依赖，父母一不在身边，便会手足无措。久而久之，就会形成依赖型人格。依赖型人格障碍是日常生活中较常见的人格障碍，其主要表现特征是：

（1）在没有得到他人的建议和保证之前，对日常事务不能做出决策。

（2）无助感。让别人为自己做出重要决定，如在何处生活，该选择什么职业等。

（3）被遗弃感。明知他人错了，也随声附和，害怕被别人遗弃。

（4）无独立性，很难单独展开计划或做事。

（5）过度容忍，为讨好他人甘愿做低下的或自己不愿做的事。

（6）独处时有不适和无助感，或竭尽全力以逃避孤独。

（7）当亲密的关系中止时感到无助或崩溃。

（8）经常被遭人遗弃的念头折磨。

（9）很容易因未得到赞许或遭到批评而受到伤害。

5. 回避型

回避型人格又叫逃避型人格，其最大特点是行为退缩、心理自卑，面对挑战多采取回避态度或无能应付。美国《精神障碍的诊断与统计手册》中对回避型人格的特征定义如下。

（1）很容易因他人的批评或不赞同而受到伤害。

（2）除了至亲之外，没有好朋友或知心人（或仅有一个）。

（3）除非确信受欢迎，一般总是不愿卷入他人事务之中。

（4）行为退缩，对需要人际交往的社会活动或工作总是尽量逃避。

（5）心理自卑，在社交场合总是缄默不语，害怕惹人笑话，害怕回答不出问题。

（6）敏感羞涩，害怕在别人面前露出窘态。

（7）在做那些更普通但不在自己常规之中的事时，总是夸大潜在的困难、危险或可能的冒险。

只要满足其中的四项，即可诊断为回避型人格。

第三节　大学生健全人格塑造的方法与途径

一、健全人格的含义与标准

（一）什么是健全人格

健全人格的研究涉及教育、心理、社会、伦理、道德、法律等诸多学科领域。在教育学家看来，健全人格就是人个性的全面发展。

一个具有健全人格的人，就是德、智、体、美诸方面协调发展的未来社会的合格人才。心理学家对人格的解释，不外乎两个范畴：其一看重生物学基础，认为人格是一个人的身体结构和心理潜能的表征；其二侧重社会化过程，认为人格是在适应社会关系中个体真实自我的体现。

（二）健全人格的标准

一直以来，健全人格并没有统一的标准，从目前心理学的研究来看，一些人本主义心理学家提出的人格健全标准，是值得借鉴的。下面介绍几种具有代表性的健全人格的标准。

1.　"成熟、健全人"的标准

美国人格心理学家阿尔波特（Ow. Allport）在哈佛大学长期研究高心理健康水平的人，并把他们称为"成熟者"。从他们身上，阿尔波特归纳出以下几个特征。

（1）自我广延的能力。

（2）与他人热情交往的能力。

（3）情绪上有安全感和自我认可。

（4）表现具有现实性知觉。

（5）具有自我客体化的表现。

（6）有一致的人生哲学。

2.“自我实现人”的标准

美国人本主义心理学家、人类潜能运动的先驱者马斯洛（A. H. Maslow），对“自我实现人”进行了深入研究，并归纳出 15 种特点。

（1）良好的现实知觉。

（2）对他人、对自己、对大自然表现出最大的认可。

（3）自发、单纯和自然。

（4）以问题为中心，而不是以自我为中心。

（5）有独处和自立的需要。

（6）不受环境和文化的支配。

（7）对生活经验有永不衰退的欣赏力。

（8）神秘或高峰体验。

（9）关心社会。

（10）深刻的人际关系。

（11）深厚的民主性格。

（12）明确的伦理道德标准。

（13）富有哲理的幽默感。

（14）富有创造性。

（15）不受现存文化规范的束缚。

3.“机能健全人”的标准

美国心理学家卡尔·罗杰斯（C. R. Rogers）提出“机能健全人”的标准。

（1）能接受一切经验。机能健全的人对任何经验都是开放的，与心理疾病患者不同，他们认为一切经验都不可怕。他们不拒绝失败的经验，一切经验将正确地被符号化，因而他们的人格更广泛、更充实、更灵活。

（2）自我与经验和谐一致。机能健全的人的自我结构与经验相协调，并且能够不断地变化，以便同化新经验。机体在评定事物的价值时，总是以自己的机体经验为根据，不大容易受外界力量所左右。

（3）个性因素都发挥作用。机能健全的人较多地依赖对情境的感受，不怎么依赖智力因素。他们常常根据直觉来行动，使行动带有自发性。他们的行为既受理性因素引导，也受无意识的情绪因素制约，所有的人格因素都在起作用。

（4）有自由感。机能健全的人能够接受一切经验，他们的生活充实而信任自己，因而有很大的行动自由。他们相信自己能够掌握自己的命运，在自己的生活中有很多选择余地，感到自己所希望的一切都有能力实现。

（5）具有高创造性。机能健全的人在他们所做的一切事情上，都表现出创造性。他们的自我实现伴随着独创性和发明性。自我实现强调个体创造性的活动。

（6）与他人和睦相处。机能健全的人乐意给人以无条件的关怀，他们的生活与其他人高度协调，同情他人，受到他人的欢迎。

二、大学生健全人格塑造的原则

一般来讲，大学生健全人格塑造的原则有如下几方面。

（1）坚持各种人格素质和谐均衡发展的原则。人格素质包含需要素质、思想道德素质、心理素质、智能素质以及身体素质等，各种人格素质之间相互影响，互相渗透，表现出人格的统一性和同一性。人格的各种素质只有和谐均衡地发展，才能相得益彰，形成健全人格，否则将会导致人格障碍。譬如：有的人智商虽高，但品行低下；有的人思想品德好，但心理素质差等。大学生正处于人格形成的关键时期，因此更应自觉遵循人格和谐均衡发展的原则，及时克服障碍，使自己成为个性日益完善的人。

（2）坚持知行统一的原则。人格的形成是一个从知到行、知行合一的过程。一个人只有首先知晓健全人格的内容，掌握必要的人格知识，并使自己的认识体现于行为实践上，形成良好的行为习惯，才能为塑造健全人格打下坚实的基础。

（3）坚持个性与共性相统一的原则。人格是共性与个性的有机统一，即人格有共性的一面，也有个性的一面，共性存在于个性之中，个性体现着共性。当代大学生的人格共性就是要顺应社会和时代的需要，成为社会主义事业的建设者和接班人，但这种共性并不排斥人格的个性，每个大学生都应有自己的个性，有自己的特色，成为祖国各条战线上的中坚力量。

三、大学生健全人格塑造的方法

大学生健全人格塑造的方法有很多，概括来说，主要包括以下几方面。

（一）树立正确的人生观

人生观是支配人的行为、态度、理想和信念的内在动力。没有正确的人生观，大学生的心理将难以正常发展，其人格也将偏离正常的轨道。因此，大学生要十分注重正确人生观的树立。一般来说，大学生可以通过系统地接受知识和参加实践活动，积极了解自然界和社会发展变化的规律，充分体验健康的情感情操，来逐步确立起自己正确的人生观。

（二）培养良好的习惯

大学生健全的人格往往反映在他们的一言一行上。因此，培养良好的行为习惯也是培养健全人格的关键策略。古人云："千里之行，始于足下。"大学生要认识到，良好的习惯不是一蹴而就的，需要从小事做起，经过长期的努力来达到。如大学生可从清洁卫生、整理房间、按时作息等小事做起，来培养自己的良好习惯。

（三）树立良好的榜样

对于大学生来说，依然具有模仿这个特质。因此，要重视榜样在大学生人格塑造中的作用。首先，家长和教师要在日常生活中严格要求自己，当好大学生的榜样，潜移默化地影响大学生的人格朝良好的方向发展。其次，大学生自己可以选择电视、电影、戏剧、文学书籍中具有高尚品德和健全人格的人物作自己的榜样，以此来激励自己塑造自身的健康人格。

（四）培养合作能力和团队意识

大学生较强的合作能力和团队意识能够使他们更容易适应社会，更容易获得和谐的人际关系，更容易充分发挥自己的潜能。因此，培养合作能力和团队意识也可以塑造大学生良好的人格。以下是培养大学生合作能力和团队意识时需特别注意的。

第一，为团队成员自我价值的实现提供便利的条件。

第二，营造良好的合作氛围，让成员学会尊重他人、信任他人。

第三，以团队而不是以个人表现为基础进行奖励，促使成员产生一种以团队为核心的合作观念。

（五）培养独立与创造能力

具有健全人格的人常常是独立的人。毕竟独立的人可以最大限度地发挥自己的潜能，相信自己有能力改变生活，可以通过自己的努力来改变困境，使自己朝更好的方向发展。因此要培养大学生的独立能力。独立能力的培养应重点做到以下三点。

第一，自己的事情自己做。

第二，不会做的事情学着去做。

第三，遇到困难时不退缩，想办法自己解决。

此外，具有健全人格的大学生还应当富有创新精神。因此，大学生要勇于探索，勇于开拓，敢于尝试新事物，不受传统观念的任何束缚，崇尚理性和科学，让自己具备更强的创新能力。

（六）注意优化知识结构

一个无知的人常常是自卑的、粗鲁的，而一个具有丰富知识的人常常是自信的、坚强的、和善的。可见，大学生学习文化、增长知识的过程也是人格优化的过程。在这一过程中，大学生要注意优化自己的知识结构。这就需要大学生不仅要涉猎精深的专业知识，还要涉猎各种各样的文化知识，使自己拥有广博的知识面，形成合理的知识体系。

（七）注意陶冶情操

大学生仍然处于学习的黄金时期，需要进行大量的基础课、专业课的学习。但是，大学生不应将所有的精力都投入这些课程的学习中，为了培养自己健全的人格，还应分出一部分精力培养自己的兴趣爱好，陶冶自己的情操。例如：大学生可以利用课余时间练习书法，以净化心灵，稳定自己的情绪，克服急躁心理；可以与人下象棋，以开拓智力，活跃思维。

（八）塑造自己良好的性格与气质

要塑造健全的人格，大学生首先应当对自己的性格与气质类型有充分的了解，以便明确自己性格与气质方面的长处与不足，其次应积极主动地制定一些计划和目标，从而有意识地去塑造自己良好的性格与气质。

（九）积极悦纳自己与他人

一个具有健全人格的人，首先是一个能够正确认识自己、接纳自己的人，同时能够接纳他人、欣赏他人的人。因此，要想塑造健全的人格，大学生还应当积极悦纳自己与他人。

积极悦纳自己，需要大学生对自己所做的事情、对经过努力完成的目标有足够的认同感，能够发现自己的优点，找出鼓舞自己的榜样人物，肯定自己各方面的能力，充分发挥自己的外在美。

悦纳他人则需要大学生努力培养自己求同存异、有容乃大的博大胸襟，承认他人的存在价值，由衷地为他人的成功而高兴。事实证明，悦纳他人能够有效地帮助大学生获得和谐的人际关系，产生健康的人格动力源。

第四节　完善内心——大学生人格发展异常案例分析

随着社会的进步，生活节奏的加快，竞争的日益激烈，人们承受的心理压力越来越大，特别是大学生们。在高等教育逐渐大众化阶段的今天，大学校园已不再是高高在上的"象牙塔"，大学生们在校期间面临着各方面的心理冲突与心理困惑。如果这些问题处理不当，会给大学生的心理健康带来不良的影响。大学生是现代社会的建设者和接班人，他们的心理健康与否关系着我国未来的发展，因此重视大学生的人格发展至关重要。

案例 1　李琦的幻想

李琦是某重点大学在校学生，来自农村，家庭经济条件一般。本科一年级时，有一天，他来到学校的心理咨询室。咨询师对他的第一印象如下：衣着色调暗，不整洁；嘴巴微张，眼睛充血，眼神慌乱；躯体动作多，抠指甲、甩手、抖腿；话语较少，口齿不清，语调平淡，内容枯燥，情感匮乏。像只无所适从的小老鼠。

李琦告诉心理咨询师，他这段时间一直失眠心慌，烦躁易怒，平日总是情绪不佳，学习兴趣也严重下降，上课时注意力难以集中，课后做事也总是拖延，无法正常学习。更可怕的是，他偶尔会产生轻生念头。

在咨询师的循循善诱下，他进一步告诉对方：上高中的时候压力很大，高三时焦虑严重，上课无法集中精力听讲，同时伴有严重的强迫思维。李琦还坦诚，他的脑海里一直都抱有不切实际的幻想，比如想要学习催眠后控制别人，想要一夜暴富，整容成明星，万众瞩目等。

心理咨询师认为李琦可能患有焦虑障碍、强迫性障碍和一定程度的自恋性障碍。他建议李琦去正规的心理医院进行专门性检查，再对症治疗。

案例分析：

人格是人的心理行为的基础，它在很大程度上决定了人如何面对外界的刺激并作反应。人格发展缺陷对大学生的身心健康、活动效率、潜能开发及社会适应状况都会带来消极影响。心身医学的研究表明，许多生理疾病都有相应的人格特征模式，这种人格特征在疾病的发生、发展过程中起到了生成、促进、催化的作用。而冷漠、焦虑、依赖、自卑、孤僻、嫉妒等人格发展缺陷不仅会妨碍大学生学习活动的顺利进行，影响其活动效率和学习潜能的充分发挥，而且对其良好人际关系的建立和社会适应能力的发展都带来消极影响。

大学生处于人生的特殊时期，心理发展面临双重挑战：儿童期幻想重现和进入成年客体角色，需要将自己的驱力和欲望与客体的希望整合起来，发展过程中会出现退行，神经症、心身疾病和精神疾病首次症状多在此期出现。因此，当代大学生需要保持自我觉察、接受督导和进行自我体验，而各大高校也要进行针对性地开展群体教育、普及相关人格发展的知识，帮助大学生健康快乐成长。

解决措施：

案例中的主人公具有明显的人格缺陷，而且很可能处于急性发作期，面对这样的情况及时转介医院进行诊断，明确是否需要服药治疗，是否属于心理咨询范畴非常重要。如果延误病情则可能后患无穷。

案例2　我真的喜欢你吗？

晓琳是一所重点大学的大三学生，最近她发现，自己似乎迷恋上了自己的辅导员，不自觉地就想去接近他，吸引他。辅导员早已结婚，孩子也很大了，甚至他的年龄都接近晓琳的父亲。而且，晓琳并不确定自己是否真的喜欢他，因为她更迷恋辅导员在讲台上的样子，却又不觉得他符合自己内心中理想对象的形象。

所以她困惑了。她唯一肯定的是，自己时刻都在对辅导员释放魅力，极度渴望他的注意、欣赏和肯定。而这种渴望早已超出一般的程度，让她都恨不得时时和辅导员在一起，看到他对自己关注的眼神。为了弄明白自己的心理，她找到专业的心理医师进行咨询。听了晓琳的倾诉，心理医师对她做出了初步判断：晓琳是因为从小缺乏父爱而引起的表演型人格障碍，这样的她在长大成人后，只要遇到一个类似父亲的权威男性，她都会不自觉地想要去接近对方、吸引对方，不惜任何代价。因为在她的心里，这是一种没有办法抗拒的强烈愿望，似乎是她存在的唯一价值。

听了心理医师的分析，晓琳若有所思。而对于一个表演型人格的人来说，能意识到这一点就是一个很大的进展，因为这会让她从表面的"浮夸"和"失去理智的追求"中平稳下来，走入情感的深处，而这将是她治愈的基础。

案例分析：

表演型人格的显著特点包括：在自己不能成为他人注意的中心时，感到不舒服；与他人交往时往往带有不恰当的性诱惑或挑逗行为；情绪表达变换迅速而肤浅；总是利用身体外表来吸引他人对自己的注意；言语风格是印象深刻及缺乏细节的；表现为自我戏剧化、舞台化或夸张的情绪表达；易受暗示；认为与他人的关系比实际上的更为亲密；等等。

解决措施：

当你意识到自己存在以上特征时，除了要及时寻求心理咨询师的帮助外，还需尝试做到以下几点。

第一，提高认识，正视自己人格中的缺陷。只有正视自己，才能扬其长避其短，适应社会环境。如果不能正视自己的缺陷，自我膨胀、放任自流，就会处处碰壁，最终使人格缺陷愈演愈烈。

第二，情绪自我调整法。表演型人格障碍患者的情绪表达太过分，旁人常无法接受。所以有此种人格的人要改变这种情况，首先要做的便是向自己的亲朋好友作一番调查，听听他们对这种情绪表达的看法。对他们提出的看法，千万不要反驳，要扪心自问：这些情绪表现哪些是有意识的，哪些是无意识的；哪些是别人喜欢的，哪些是别人讨厌的。对别人讨厌的要坚决予以改进，而别人喜欢的则在表现强度上力求适中，对无意识的表现，可将其写下来放在醒目处，不时自我提醒。

第五章

怒不过夺，喜不过予：
大学生情绪管理

情绪是人对外物的体验与反应，在每一天的日常生活和学习过程中都少不了情绪的参与。大学生作为一个刚刚跨过青春期、步入青年期的群体，正处在学习与发展的人生分水岭，受到诸多方面问题的制约及自身心智尚未完全成熟的影响，面对压力，更容易出现情绪调节、情绪失控等问题，这些问题往往会给大学生的行为、处事、学习、生活等方方面面带来不利的影响，导致错误的决定甚至造成不可挽回的后果，这些都会给大学生的心理健康造成严重的影响。因此，大学生必须学会如何掌控和调节自己的情绪，学会做情绪的主人。

第一节 情绪概述

情绪是对一系列主观认知经验的统称，是多种感觉、思想和行为综合产生的心理和生理状态。最普遍、通俗的情绪有喜、怒、哀、惊、恐、爱、恨等，也有一些细腻、微妙的情绪，如忌妒、惭愧、羞耻、自豪等。情绪常和心情、性格、脾气、目的等因素互相作用，也受到荷尔蒙和神经递质影响。无论是正面的情绪，还是负面的情绪，都是引发人们行为的动机①。

情绪有一部分是与生俱来的，也有一部分是在后天发展中从人类社会关系中学习获得的。相比之下，前者较为直观，是后者的基础，与人类的生存需要直接相关；而后者则更为复杂，是前者的发展和延伸，需要在人与人之间的交流过程中逐渐学习方能掌握。不同性格，不同背景、经历和教育之下的人的情绪是存在很大差异的，因此，针对不同的人，要有不同的情绪定义和理解。

一、情绪的定义与要素

情绪来源于外物的刺激，经过不同人的心理反应，呈现出不同的心理状态，或狂喜，或悲痛，或孤独，或亲切。我们每个人无时无刻不在体验着纷繁多样的情绪，而心理健康教育的目的，则是消除人们的极端情绪及其带来的负面影响，所以，严格来说，不论是正面情绪（如欢喜）还是负面情绪（如悲哀），只要是可能带来负面影响的，都在不良情绪的范畴之内。在大学生的日常学习生活中，只有正确地认识情绪，才能够有所针对地对自身的情绪加以疏导，从而更好地融入未来新的学习生活之中。

（一）情绪的定义

情绪是一种心理活动，是个体以自身认知和个体意识为基础，以需要为中间介质，对外物与内需两者关系的判定、反应的过程。我们可以将情绪分解为三个部分：①情绪涉及身体的变化，这些变化是情绪的表达形式；②情绪涉及有意识的体验；③情绪包含了认知的成分，涉及对外界事物的评价。

---

① 马立骥. 大学生心理健康教育与实训［M］. 上海：上海交通大学出版社，2020.

（二）情绪的要素

人类的情绪复杂多样，可被察觉和归纳的就有数百种之多，且彼此之间隐秘相通，彼此关联作用。在对情绪的研究中，心理学家通常把情绪归结为三个方面：内省的情绪体验、外在的情绪表现、情绪的生理变化。

1. 内省的情绪体验

内省的情绪体验具有十分明显的主观色彩，相比于纯粹的认知，这种体验加入自我感受，而这种感受又受到个体独特性的影响，受到客观环境等外界条件的制约，因此，内省的情绪体验具有比认知更多的感性维度，在感觉的强度、持久性等方面存在较为明显的个体差异。

2. 外在的情绪表现

外在的情绪表现一般指表情，表情是情绪的外部表现的主要形式，包括面部表情、言语和体态表情。作为一种可视化的情绪表现，表情在情绪活动中具有十分重要的作用，是情绪本身不可分割的发生机制，也是传递情绪信息的外在表现。比如，有的人遇到难过的事就会流泪，遇到高兴的事就会笑等。

3. 情绪的生理变化

情绪的外在表现是可以被隐藏的，但情绪所引发的生理变化却不可避免。情绪的产生，必然会导致身体器官，如大脑、神经、心跳、呼吸等的变化。情绪的生理变化既是主观体验的基础，又是外在情绪表现的一部分，在情绪结构中起着重要的衔接作用。

二、情绪与情感

在日常生活中，我们对"情绪""情感"这两个字眼的使用比较随意,有时甚至混淆概念,但在心理学上,这两个概念是有着本质区别的。心理学一般将情绪分为心境、应激和激情,将情感分为道德感、美感和理智感。在情绪的三个因素中:心境是一种情感体验色彩,具有微弱、持久等特点;应激是指意料之外的刺激(身体刺激,心理刺激)所导致的紧张的情绪反应;激情是指强烈爆发的短暂的情绪状态。

可以从以下三个方面理解情绪与情感的关系。

第一个方面,从心理层次来看。情绪是与先天的生理需要相联系的,心理层次较低;情感则更多地与人的社会需要有关,心理层次更为高级。

第二个方面,从稳定性来看。情绪波动性强,具有很大的不稳定性;而情感的持续时间较长,人的许多情感如爱情和亲情,甚至能够伴随记忆影响人的一生。

第三个方面,从两者的依存关系来看。情感的发生,在很大程度上是以情绪为基础的,而发展的最终结果,又使情感成为情绪的深层核心。最终反映在一个正常人的身上,其个人的情感与情绪体现出相互影响、相互制约的关联性。

三、情绪的功能

(一)情绪功能的类型

1. 自我防御功能

当自身受到来自各个方面的威胁时,人会感到畏惧;当自身利益受到侵犯时,人会产生愤怒。人的各种各样的情绪中,有很大一部分是为了满足个体的自我保护需要而存在的。

2. 社会适应功能

情绪能够调节个体与群体之间的关系,进而调控群体与群体之间的互动能力。比如：羞耻心可以帮助人类建立共同的道德准则；当一个人伤害了另一个人的感情时，愧疚感则能够促使他对受害者做出弥补；法律正是因为其背后的惩罚机制才具有了强大的震慑作用，这是利用了人的害怕心理。同情、羞耻、恐惧……很多情绪都能够起到加强个体与社会习俗、利益、团结之间一致性的效果，因此，情绪能够提高个体对社会的适应能力。

3. 动力功能

一定的情绪反应能够对人起到正向的激励作用，从而提升个体的各方面能力，促进学习和工作的高效完成。比如考试失利后，对学习成绩的不满甚至一定的挫败感会激励学生更加努力地奋发学习，而在通过一系列的努力，取得成绩上的进步后，随之而来的成就感和满足感同样会成为再接再厉的动力。

4. 强化功能

研究表明，人类机体的免疫功能、体能、反应速度等能力水平，在很大程度上可以受到一定情绪的刺激从而得到短暂的提升，其中能够起到作用的不仅包括积极情绪，也包括消极情绪。比如，在受到惊吓后，人的身体会短暂地失去痛感，身体素质得到大幅增强，从而使自身在强大的应激机制下做出超出自身极限的自救反应。

5. 信号功能

情绪的表情可以直接反映出人们的思想或态度，例如，欣赏的表情有点头，厌恶的表情有皱眉、瞪视。因此，情绪的信号功能几乎有着和语言同样重要的作用。

（二）正常情绪功能的作用

正常的情绪反应应该符合以下几个条件。

第一，情绪反应有切实存在的诱因，且该诱因为当事者所觉知；第二，情绪反应的强度，多数情况下应该在合理范围内，即强度与引起反应的情境相称，过激反应可以偶尔出现，但经常出现过激反应，则视为情绪反应异常；第三，情绪反应会随着诱因的消失而逐渐平复。

不管是正面的、积极的情绪反应，还是负面的、消极的情绪反应，只要在正常范围内，都是有益的，其可以成为个体适应环境的重要方式。下面以愉快的情绪为例，列举几种情绪反应与环境适应之间的关系。

（1）愉快的情绪与机体平衡。在人的众多情绪中，愉快是有助于促进并维持机体平衡的典型。长期保持愉快的情绪，能使人的大脑活动状态维持在较高水平，保证体内各器官系统的活动协调一致，使得食欲旺盛，睡眠安稳，精力充沛，充分发挥有机体的潜能，提高脑力和体力劳动的效率和耐久力。

（2）愉快的情绪与健康。愉悦的情绪还能保证人体内的化学物质平衡，提高人体免疫力，从而减少疾病的发生，降低患病的风险。

（3）愉快的情绪与社会关系。愉快的情绪有利于良好人际关系的建立。美国心理学家杰·列文（Jay Revun）认为："会不会笑是衡量一个人能否对周围环境适应的尺度。"在很大程度上，真诚的笑容能够感染身边的人，起到消除陌生、消除隔阂的作用。

除了正向、积极的情绪反应之外，负面、消极的情绪反应，只要符合正常的标准，都是有益的。比如：适度的焦虑可以提升神经系统的敏感度，使人的思考能力、反应速度得到增强，从而带来工作效率、学习效率上的提升；古人有"生于忧患，死于安乐"的说法，这说明忧虑是个体发展进步的必备条件；恐惧虽然为绝大多数人所回避，但不知恐惧为何物的人只会给自身或社会带来灾难，恐惧也正是法律能够起到震慑作用、抑制恶性犯罪的前提，适度的恐惧使人们警觉，懂得避险，防患于未然；对坏人坏事就是要敢怒、敢言、敢斗争，遇见坏人、坏事却无动于衷，内心毫无波澜，无疑会助长恶人的风气，所以，正常的愤怒情绪也能够弘扬善良。

（三）不良情绪的危害

前面已经论述了正常情绪反应的特点和条件，由此可以推导出不良情绪的特征。不良情绪是一种不正常的情绪反应，其具有两项基本特征：一是情绪反应强度过激，远远超出相关诱因所引发的情绪反应的合理范围；二是情绪反应时间过于持久。通过这两项特征，我们不难发现，不良情绪同样对情绪的正向或负向进行限定，不管是正向（积极的）情绪，还是负向（消极的）情绪，只要反应过度，都有可能发展成为不良情绪，也都有可能对人的健康和社会适应有害。

1. 过于强烈的情绪反应

国外有人做过这样一项实验：让几个大学生分别进入实验室，该实验室有四扇门，其中三扇门是锁住的，只有一扇门可以打开，实际上只要按顺序将各扇门试一下，便很快能找到出路。但当实验者用冷水、电击、强光、大声等强烈刺激同时加之于受试者，使之趋于紧张状态时，好几个被试者呈现慌乱现象，不知道按顺序找出路，四面乱跑，已经试过是被锁住的门，会重复地去尝试，显然是被弄糊涂了。

在生活中，这种因为受到刺激而失去理智，进而作出错误决策的现象并不少见。比如很多平时成绩优异、学习刻苦的学生，明明有能力考出理想的成绩，然而一旦进入大考，考试结果却总是远远低于预期。虽然适度的紧张可以提升机体的思维反应水平，可一旦这种紧张超过限度，紧张情绪就会在能力反应中起到抑制作用，更有甚者，剧烈的情绪反应如狂喜、狂怒等，还可能引起身体疾病甚至导致死亡。

2. 持久性的消极情绪

实验表明，人体长期处于紧张的状态下，患病概率会大幅增加。根据美国耶鲁大学医学院的报告，在就诊的病人之中，处于情绪紧张状态下的病患占76%，其中有些病人对自身的紧张状态早已习以为常，根本没有意识到自身症状和情绪有关。事实上，情绪能够通过人体的神经机制和化学机制，对机体的健康产生潜移默化的影响，从而引起包括内分泌系统疾病、心脑血管疾病和消化系统疾病等在内的多种问题。

四、情绪的发展

（一）儿童的情绪发展

加拿大心理学家布里奇斯的情绪分化理论指出：婴儿时期的人类，从出生到3个月，只有痛苦和欢乐两种最原始的情绪反应；在这之后到2岁之前，这两种情绪反应会进一步分化，由痛苦分化出愤怒、厌恶和惧怕，由欢乐分化出高兴和喜爱；2岁之后的儿童则已经基本具备了成年人的所有复杂情绪，且随着情绪的多样化，情绪发作次数随之减少，引起情绪反应的情境则相应增多。

通过观察婴幼儿的情绪反应，我们不难发现，婴儿的情绪反应受外部因素影响较少，表现也较为简单，仅为平静和爆发两种状态。直到长大以后（2岁以后），其情绪才开始与他人有了更多的联合，表达情绪的方式也渐渐多样化，而7岁以后的儿童情绪，大部分都是由外部的人或事引起。

（二）青少年的情绪发展

有人把青少年时期称为"风暴期""狂飙期""叛逆期"，认为这一时期的情绪具有不稳定性。首先，青少年的情绪反应的激动及起伏程度较高，同时对情绪刺激敏感多疑；其次，青少年的情绪具有易冲动性与爆发性；再次，青少年的情绪开始向稳定性质过渡，随着年龄递增和适应经验的累积，他们的情绪将趋于稳定；最后，青少年的情绪反应直接、情绪力量强烈、情绪变化快速，比较容易产生情绪问题。

青少年时期的情绪发展具有突出的不稳定性，这一时期的情绪相对成年人不够成熟、稳重，且具有很多叛逆特征，情绪反应大，爆发性强，敏感、多疑，易冲动，这些特征随着年龄的逐步增长和自身经验的积累，会逐渐消失，而在此之前，青少年是最容易产生情绪问题的群体。

（三）成年人的情绪发展

心理研究表明，人的表面情绪发作频率与发作强度与年龄呈反比，年龄越大，情绪反应的烈度和次数也就越少，这一时期的情绪反应并非完全消失了，而是对待一般情绪问题的态度发生了改变，只有在遭遇意外和痛苦时才会爆发，且情绪反应会更多地受自身掌控。有关研究还发现成年人负面情绪发生的诱因发生了改变，与职业有关的情绪反应随着年龄的增长而大幅减少了。

第二节 大学生普遍情绪特征、困扰及调试

大学生是身体快速发育、成长、成熟的重要阶段，相应地，也是心理成熟的关键时期。一方面，生理的快速成熟对情绪产生一系列的影响；另一方面，社会角色转换与适应，让大学生心理走向快速成熟的同时，也面临着很大的心理压力。所以，大学生正处在心理成熟、社会成熟的关键时期，这一时期大学生面临的问题多、挑战多，在情绪方面表现出有别于少年儿童和成人的情绪特点。

一、大学生的情绪特征

（一）稳定性与波动性并存

经过长年累月的学习，大学生的知识水平相对较高，相比之下，

修养水平不足，这就导致了大学生有足够高的认知能力来应对各种各样的挑战，但由于生活经验的缺少与自我意识不够深入，对情绪的自我调节能力较弱。

大学生的情绪情感相比青少年时期更加稳定，在情感的持续和稳定性上有所增强，渴望得到情感上的认同。但与成年人相比，仍然存在情绪变化大等问题，带有明显的波动性特征。比如在取得成功后容易骄傲，遇到挫折时易丧失信心甚至陷入绝望。考试成绩、恋爱烦恼、人际关系等都会使大学生的情绪情感大起大伏甚至走向极端。同时，由于大学生心理发展的不平衡，有时也会产生一些莫名其妙的情绪情感波动。有人对大学生进行调查，发现70%的大学生的情绪经常处于波动状态，也就是像"波动曲线一样，忽高忽低，忽愉快忽愁闷"。

（二）外显性和内隐性并存

大学生处在青春期的最后阶段，青春期时的敏感情绪特征仍旧存在，比如对刺激反应激烈、迅速，情绪来得快，去得也快，情绪特征外显，虽然已经能够部分隐藏或抑制自己的情感，但仍在很大程度上表现在言行之中。他们会根据特定的时间、地点、场合和人物等方面的因素来表达自己的情感，有时会把自己的真实情感世界伪装起来，用一种与内心世界不一致的方式来表达，这种特征在恋爱关系中表现得尤为明显。

（三）层次性和复杂性并存

从人的生理发展阶段来看，大学生正处于青年期，这一时期是人生面临多种选择的时期，学习、交友、恋爱等人生大事基本在这一阶段完成。处于这一阶段的大学生自我情感体验呈现出多样性，两性情感和社会情感日益丰富，并表现出复杂性的特征。层次性体现在不同年级的大学生情绪特征有差异，一般来说，一方面随着年龄的增长、年级的升高，社会性情感日趋丰富，更多地表现出关心他人和社会、积极思考人生的情感倾向。

处在大学不同阶段的大学生，在认知上是有一定差异的，比如：初入大学的大一级新生，往往对崭新自由的大学生活充满遐想，有的过度自信，有的忧困重重；二三年级的学生，经历了一定时间的适应，情绪状态越来越稳定；即将毕业的学生即将步入社会，迎来人生的转折点，且面对着就业等问题，情绪状态又相对复杂起来。

除了大学生所处阶段造成的情绪、情感差异外，不同个体，尤其是不同性别之间的情绪特征也存在显著区别。比如，面对朋友的出卖或背叛，男生和女生的情绪反应就有着明显的差异，男生遭遇背叛时的情绪反应以感到愤怒为主，而女生则大都感觉到伤心或失望。此外，即使在同样的情绪下，男生和女生的反应机制也有所不同，男生在愤怒的状态下会直接将自己的怒火发泄到外部环境之中，而女生则容易生闷气，有的甚至会把愤怒的矛头转向自己，极端者还会做出自残的行为。

（四）冲动性和理智性并存

大多数情况下，大学生对自身情绪的自我控制和调节能力都能够发挥出应有的作用，能够做到三思而后行，但遇到刺激便情绪失控的大学生也不在少数，这部分大学生在很大程度上保留了青春期时代不够成熟稳重的特点，如冲动和不计后果等。

（五）两极性和矛盾性并存

大学生的情绪表现因人而异，但总体上呈现出极端化特点，由于对世界的认知不足，科学合理的辩证观尚未形成，大学生对周围人或事的理解容易陷入非此即彼、非黑即白的陷阱，对自身处境或遭遇的境况，要么极喜，要么极悲，情绪的两极转化频繁，无法正确看待理想与现实之间的差异，也难以平衡自我需要与社会需要之间的矛盾。这些都会导致大学生矛盾情绪的产生。

非此即彼、非黑即白的认知方式，不仅会带来情绪体验上的两极性（极喜或极悲），还会导致行为上的极端化。由于现实与理想中的世界存在较大的落差，大多数陷入矛盾情绪的大学生会感到迷茫困惑，而这些迷茫和困惑，又会对大学生自我价值的判断、认知与取舍，对自身未来前途的信心和选择产生干扰。事实上，这些都是大学生对自我、对世界的认知不足导致的，大学生只有积极调整自己的情绪，才能正确看待自我与日益变化的社会之间的关系，从而不断完善自己，真正走向成熟。

二、大学生情绪困扰及调适

（一）紧张状态及其调适

紧张是指精神因受到外界刺激而处于高度准备和不安的一种状态。紧张不仅发生在坏的遭遇如失业、落榜等境况下，还会发生在好的境况下，其造成的生理反应却十分相似，如眩晕、疲惫、失眠、注意力不集中、无法思考等。正常状况下，紧张情绪是暂时性的，如果人体长期处在紧张的状态下，就需要通过有效的方法进行自我调适。

大学生面对紧张情绪，且紧张情绪长时间无法平复时，可以通过如下方法进行自我调适。

第一，承认并接受自己的紧张。紧张是正常的情绪反应，要和这种不安的情绪对抗，首先就要体会它、了解它，从而接受它。所以，当自己紧张的时候，首先要让自己的思维和行动慢下来，清醒地认识到自己陷入紧张的事实，同时思考造成紧张的根本原因。

第二，想象。适度的想象可以转移并分散注意力，从而达到化解紧张的目的。比如：在演讲或发言的过程中，可以把自己想象成局外人甚至是观众，从局外人的视角观察自己；也可以通过暗示，将自己想象成一个知名人物甚至是伟人，可以通过模仿伟人的一举一动来增加自信；还可以想象你此刻因为紧张可能面临的最坏的情况，将这种情况和你遭遇过的不幸作对比，你会发现，一时的紧张所能带来的最坏结果，也不过如此。

第三，做一些放松身心的活动。如在一个环境优美、空气清新的地方，选择一个自我感觉比较舒适的姿势，站、坐或躺下；缓慢、匀速、有规律地活动自己的身体，做到放松；深呼吸，闭上眼睛，去想象过往经历中的美好事物。

（二）焦虑及其调适

焦虑是十分常见的负性情绪，是一种类似担忧的反应，正常的焦虑情绪是在自身受到某种潜在威胁时发生的，一般无须调节，过度的焦虑则是灾难化思考、错误认知、比较和过度刺激等引起的，其会给个体造成严重的精神内耗，最终导致担心失败的后果或丧失信心，造成行动无力化。

焦虑可分为特质性焦虑和情境性焦虑。特质性焦虑是一种神经官能症，是非器质性的心理障碍，精神持续紧张或者发作性惊恐状态，常伴有头晕、胸闷、心悸、呼吸困难、口干、尿频、出汗、震颤和运动性不安等，具有持久性。情境性焦虑是人在具体环境中产生紧张和不安甚至害怕的反应，因环境而异，也因人而异，具有暂时性。大学生中患特质性焦虑的人较少，大部分人的焦虑反应都是情境性焦虑。情境性焦虑主要体现在以下几个方面。

1. 考试焦虑

考试焦虑是因对考试结果的担心而产生的负面情绪状态，其造成的最直接影响，就是在考试之前影响学生学习，在考场之上影响学生的发挥状态，具体表现为考前失眠和考场上紧张、思维混乱。有些学生在平时小考中成绩优异，唯独在大考中发挥失常，有的同学会因考前焦虑而出现睡眠障碍，无法复习，在临考前不敢进入考场甚至放弃考试。

2. 自我形象焦虑

有很多女生担心自己不够漂亮，身材不够苗条，甚至对身体上的微小瑕疵感到焦虑，这是由错误的审美观和错误的自我认知引起的负性情绪。

3. 适应焦虑

大学生的适应焦虑一般发生在新生和毕业生的身上。新生的适应焦虑是不能适应大学的新生活造成的：一方面，许多没有过住宿经验的学生对崭新的生活环境和生活方式感到陌生；另一方面，同学之间人际关系的处理以及大学学习环境、学习方式的改变，都会给大一新生造成适应焦虑。毕业生的焦虑则主要由就业压力和无法适应社会环境所引起。

4. 情感焦虑

情感焦虑一般发生在恋爱受挫之后，因为告白被拒绝，或者被告知分手，导致受挫方对自身产生价值方面的怀疑——如认为自己不值得被爱等——导致情感焦虑。

5. 情境性焦虑

情境性焦虑十分常见，在大学生的生活、学习和工作中普遍存在，是大学生在适度压力下的正常的情绪反应，一般情况下会随着时间自动消失，因此，不能认为是个体情绪的反常。相反，适度的压力会成为个体奋发前进的动力，在应对压力的过程中锻炼一个人的意志力和解决问题的能力，而这些都是比知识和成绩更加重要的。

过度的情境性焦虑则必须慎重对待，需采取一定的心理辅助措施——如心理咨询、心理治疗等以减轻症状。

（三）抑郁及其调适

抑郁症的核心症状表现为情绪低落和兴趣减退等，自杀是抑郁症患者最严重的后果之一。抑郁症状会导致个体各项感觉的负面化，导致情绪低落、认知与行为能力受挫甚至消失。其中，最明显的症状是心情压抑、消极、逃避、厌世和窒息等，其他症状包括易怒、幻听、焦虑和妄想症等。抑郁会让一个人对所有活动失去兴趣，因而变得孤独乖僻，并且造成个体思维方式转变，认知失调，感官能力下降，记忆力衰退等。在抑郁的心境下思考，还可能造成抑郁者消极地看待世界、自我和未来。因此，抑郁的人对未来感到悲观，很难回忆起美好的记忆，不适当地责备自己，认为他人更消极地看待自己。抑郁还会带来明显的身体症状，如常常乏力，起床变得困难，更严重时睡眠方式都将改变，睡得太多或者早晨醒得太早，并且不能再次入睡。也可能出现饮食紊乱，吃得过多或过少，随之而来的体重激增或剧减。抑郁是一种持续时间较长的低落、消沉的情绪体验，它常常与苦闷、不满、烦恼、困惑等情绪交织在一起。

抑郁一般发生在性格内向、孤僻、敏感多疑、依赖性强、不爱交际，生活遭遇挫折，长期努力得不到报偿的人身上。在大学生中，那些不喜欢所学专业，或人际关系处理不当，遭遇感情挫折的学生，为抑郁情绪的高发群体。

抑郁情绪的调节方法参照如下。

（1）宣泄法。通过向他人倾诉来释放负面情绪，从而达到精神上的解脱，倾诉对象可以是值得信赖的朋友或专业的心理咨询人员。

（2）代替法。用相对来说较为健康的情绪代替抑郁。

（3）消除法。利用自己的社会支持网络来消除抑郁情绪。当威胁健康的生活事件发生，良好的人际关系可以给我们提供支持、安慰和辅助信息，通过这样的方式给我们带来归属感、安全感和力量，从而有效地避免抑郁情绪的产生。

（4）转移法。分散注意力在其他娱乐活动上，暂时把注意力放在一些愉快的活动上面。

（5）训练法。进行身心放松训练。

（6）评价法。对自己的活动进行准确的评价，发现自己的优点，提高自信。

（四）愤怒及其调适

愤怒是由于客观事物与人的主观愿望相违背，或因愿望无法实现时，人们内心产生的一种激烈的情绪反应。愤怒可能导致人的心率加快、血压升高，造成身体疾病，还可能使人思维受阻，降低人的自制力，导致冲动行为，最终可能造成不可挽回的后果。

大学生正处在精力充沛、血气方刚的年龄，具有易激怒、易冲动等情绪特点，动辄因为一两件小事的刺激而陷入怒不可遏的情绪状态。虽然在一定程度上，大学生相比处于青春期的中学生具有更多的思考权衡能力，但大学生所面对的人际关系问题也较后者更为复杂，这就在无形中增加了可能导致愤怒的诱因。恶语伤人、情感受挫、人际关系不协调……这一切都会导致大学生成为愤怒情绪的高发群体，造成大学生在遭遇刺激时缺乏冷静的思考，进而做出图一时之快、逞一时之勇的冲动行为。近年来，在大学校园内因一时冲动而造成的人身伤害事件时有发生，有的甚至产生危及生命的严重后果，因此，愤怒情绪的调适应该作为大学生情绪调节的重中之重，应被首先关注。

愤怒情绪的调节方法参照如下。

（1）要对自己的愤怒负责。大学生需要清醒地认识到一点——愤怒的来源是自己而非外物或他人。

（2）用相对较为健康的情绪代替愤怒，如自嘲。

（3）降低对自己、他人和环境的要求。用更喜欢、期待和希望来代替"必须"和绝对应该的信念。如，认为"男朋友必须记得我的生日"，但是如果男朋友不记得的话，她就会感到愤怒，但如果仅仅认为

"希望男朋友记得我的生日"，那么之后的结果可能仅仅是一种失望而不是愤怒。

（4）一旦发现自己处于愤怒状态中，尝试延缓自己的反应，想一下这样的愤怒带给你的利弊有几何，除了愤怒之外还可以做什么，大多数时候，哪怕什么也不想，只是单纯地让自己的行为停摆，随着时间的推移，自己的理性也会慢慢回归。

（5）改变频繁发泄愤怒的习惯，毫无节制地肆意发泄，会使愤怒情绪形成恶性循环，使个体越来越容易发怒。因此可以尝试转变自己与他人的相处方式，学会用平静、理性申辩来表达自己的立场。

（6）避免由于愤怒而变得消沉或更愤怒。不要用非理性信念来看待自己，如不要总带着"我又发怒了，我真没用，我讨厌自己"的想法。不要直接否定自己，而要尝试悦纳自己。

（五）嫉妒及其调适

嫉妒是指他人在某些方面胜过自己而引起的不快甚至是痛苦的情绪体验。过分的自尊心，错误的价值观或自我认知，与他人之间片面的比较等，都会导致嫉妒情绪的产生。

自尊心异常是导致嫉妒情绪的主要原因，这种情况在大学生中普遍存在。自尊心异常主要涉及两个层面：第一个层面是过分自尊，即追求在每个层面都超过他人，因此只要发现自己某一方面不如别人，就会产生嫉妒心理。第二个层面则是将自尊建立在错误的价值观基础上，譬如对他人的身材、财富、衣装品牌等产生羡慕心理，由此导致嫉妒情绪的产生，这种情况往往容易造成对他人的仇视，具体表现为：当别人幸福开心时，自身感到难过，当别人陷入困境时却感到开心、幸灾乐祸。

另一种引起嫉妒心理的原因是"对他人卓越才能的反感"，这个原因引起的嫉妒心理，相比前者更加合理，但造成的影响却几乎相同。即使是建立在正确的价值观和荣辱观的基础上，人还是会产生嫉妒，嫉妒是与生俱来的，只能通过适当的自我调节和修养的自我提升来逐渐化解。

嫉妒是人性的弱点，嫉妒所导致的一系列负性情绪，会导致身心疾病的患病风险增加，长期处于不良的情绪状态中，会令人产生压抑感，引起忧愁、消沉、怀疑、痛苦、自卑等消极情绪，严重损害身心健康。此外，嫉妒会严重影响大学生的学习，大大降低学习的效率。最后，从人际关系的角度来说，嫉妒心会让自己变得争强好胜，常想方设法压制别人，阻止别人的发展，这势必会导致身边朋友的疏远，最终给自己造成不良的人际关系氛围。

嫉妒的调节方法如下。

（1）想要克服嫉妒，首先要懂得"天外有天，人外有人"，接受自己并非最优秀的事实。

（2）要学会充实自己，要让自己变得更加优秀，嫉妒自然就会烟消云散。培根说过："每一个埋头沉入自己事业的人，是没有工夫去嫉妒别人的。"因此，积极参与各种有益身心的活动，使大学生活真正充实起来，嫉妒的毒素就不会滋生、蔓延。为了缓解自己的失败带来的心理上的不平衡感，可以找一些理由，使自己不再嫉妒别人。

（3）学习并欣赏别人的长处，化嫉妒为动力。一个人在嫉妒别人时，总是关注别人的优点或缺点，而对自身的条件有所忽视，要从个人修养上克服嫉妒是一个漫长的过程，因此可以采取一些快速实用的方法，比如改变自己的认知方式，这既包括对自己的认知方式，也包括对他人的认知方式。

（4）拓宽人生格局。一般而言，嫉妒心理较多地产生于周围年龄相仿、生活背景大致相同的人群中，这是一种故步自封的比较思维，就像为自己划定了限制。要知道人的生活是漫长的，对于人生价值的探索和追求更是无限的，对个别人的艳羡与妒恨，就像井底之蛙在仰望天空，导致眼前的世界极端狭隘。

第三节　大学生情绪管理的技巧与方法

正确合理的情绪管理技巧能够帮助大学生在各种环境下快速建立和谐的人际关系，而这种能力不仅体现、作用于大学生活，影响着大学生的学习效率，关系着大学生的在校生活体验，更影响着大学生的社会化进程，并进一步影响着大学生的认知和表达能力，对大学生身心健康发展及健全人格的塑造有着十分关键的促进作用。

大学生需要科学地管理自身情绪，这里分别从生理、情绪和认知三个层面，对具体方法进行归纳。

一、生理方面

（一）运动宣泄

从生理的角度出发，人的情绪受外因诱发，受激素调节和控制。运动能够改善机体内的激素平衡，使能够促生快乐心情的激素水平得到大幅提升，从而减轻人的不良情绪。

（二）享受美食

品尝美味可以制造快乐的体验，但为了改善情绪，应该选择营养丰富、利于身体健康的饮食，如水果、蔬菜、鱼和豆类等，这些食物在给人带来美味体验的同时，其自身富含的营养物质如不饱和脂肪酸、氨基酸、维生素等都可以有效地降低抑郁症发展的风险。

（三）芬芳味道

味道对情绪反应的正向触发是十分明显的，例如我们常知的芳香疗法，就是利用植物精油对神经的刺激作用，降低人的焦虑和抑郁等情绪。

（四） 美妙音乐

音乐不仅可以陶冶人的情操，更重要的，它还可以调节我们的情绪。现代医学表明：音乐能调整神经系统的机能、陶冶情操、启迪智慧、改善注意力、增强记忆力，可以消除抑郁、焦虑、紧张等不良情绪，解除肌肉紧张，消除疲劳，激发精神和体力，提高工作效率。不同的曲调各有"性格"，可使人产生不同的情绪感受。因此，运用音乐调节法时也应该因人、因时、因地、因心情的不同而选择不同的音乐。适宜的音乐，可取得很好的效果，例如，心情忧郁的人以倾听"忧郁感"的音乐为好，如《忧郁圆舞曲》《蓝色狂想曲》等都是具有美感的。当忧郁的心灵接受了这些乐曲的"美感"沐浴之后，很自然地会慢慢消除心中的忧郁。这是最科学，也是最易见效的方法。性情急躁的人要常听节奏舒缓、让人思考的乐曲，这可以调整心绪，有助于克服急躁的毛病，如一些古典交响乐曲中的慢板部分，Bach的《幻想曲和赋格》等就是很好的选择。

（五） 放松训练

焦虑和放松是两种不同的身心状态，而人在某个时刻只能有一种身心状态，让放松占据你的身心，焦虑则无立锥之地。所以，驱逐焦虑的最有效方法是全身心地放松，焦虑与放松势不两立。情绪心理学所说的放松是以一定的媒介集中注意力、调节呼吸，使肌肉得到充分放松，从而调节中枢神经系统兴奋性的方法。渐进式放松的基本步骤为：第一，首先放松身体局部肌肉群，然后使这种放松依一定顺序向全身扩散；第二，在进入新的肌肉群放松练习时，已经练习完了的肌肉群也可以再次进行放松练习和复习；第三，重复以上过程，直至放松状态和安静感持续出现。想象放松法指通过人的意念想象来逐渐达到放松的方法。通过想象来进行放松，比身体绷紧再放松要容易一些。

二、 情绪方面

（一） 激发积极情绪体验

什么事会让我心情好呢？愿望的满足、美好的景色、友好的人际交往、努力后的成功还有各种小小的乐趣和愉悦。那么积极心理学认为什么能够长久提升我们的积极情绪呢？

首先，积极情绪的一个最重要的来源，就是自己的能力能够得以发挥。积极心理学早期最大的贡献是制定了一项有 24 种个性优势的分类调查，将其归纳成好奇、正直、善良、公正、谦逊和乐观六个维度。了解到自己的优势，从中提取出很多关于自己的高峰的关键信息，然后以一种能够更加频繁地应用自己的优势的方法，来重塑自己学习或日常生活，这种应用优势的新方法所产生的积极情绪的提升是既明显又持久的。

其次，感恩。当你用语言或行动表达你的感激时，你不仅提高了自己的积极情绪，而且也提高了对方的积极情绪。这一过程中，你加强了他们的善意，也巩固了你们彼此之间的关系。当你感受对方的善意时，你常常会赞赏别人对你是如此的友善，这引起了你的感激之情。善意和积极情绪相辅相成。只要认识到自己的善意举动，就能够启动这种良性循环。用发展的眼光来欣赏自己的善意只是一种心理转变，你会注意到它更多的方面。你能够通过增加自己的善意举动，使积极情绪大幅提升。有意识地增加自己的善意可以提升你的积极情绪。

最后，是要发现生活中困境的积极方面和意义。

（二） 疏泄消极情绪体验

亚里士多德说："适时适所表达情绪，不要当众表达自己的不满情绪，在适当的场所以不伤人的方式适度表达内心的不满。"

1. 眼泪宣泄

这是一种自我心理保护的措施。哭可以为你解除情绪的紧张、内心的抑郁与烦恼，还可以促进生理上的新陈代谢。美国生物学博士费雷认为，人在悲伤时不哭是对人体健康有害的。人在流泪时可把体内因紧张而产生的化学物质排出体外，可以缓解人的忧愁和悲伤。

2. 找人倾诉

俗话说："快乐有人分享，是更大的快乐；痛苦有人分担，可以减轻痛苦。"找人倾吐烦恼，把内心的苦恼告诉你的朋友、师长、心理咨询师，心情就会顿感舒畅，也可以写日记、给自己写信，把自己的感受描述出来。

3. 幽默

高尚的幽默是精神的消毒剂。当一个人发现一种不调和的或对自己不利的现象时，为了不使自己陷入激动状态和被动局面，最好的办法是以超然洒脱的态度去应付。此时，一个得体的幽默往往可以使一个本来紧张的情况，变得比较轻松，使一个窘迫的场面在笑语中消逝，使愤怒、不安的情绪得以缓解。

4. 升华

升华是将情绪激起的能量引导到对人、对己、对社会都有利的方面去。例如：将考试失利而产生的不良情绪升华为激励自己刻苦努力学习的动力；把对大学生活不适应而产生的焦虑情绪升华为提高自己对新环境的适应力，尽快完成从中学到大学的转变的内在积极性；把对自己外貌的不满意升华为全面发展自己、增长才能、增长知识水平方面来，促使自己品学兼优，成为出色的合格人才；把因失恋而产生的不良情绪升华为更加刻苦地努力学习，以自己的博才多识去寻求自己真正的爱情。

（三）情志相胜

中医有情志相胜的疗法，这是用五行相克理论来表述情绪之间相互制约关系的经典提法。其基本原理是将脏腑情志论和五行相克论结合，将人体归纳为 5 个体系并按五行配五脏、五志，然后利用情志之间这种相互制约的关系来进行治疗的心理疗法，即运用一种情志纠正相应生克的另一种失常情志。《黄帝内经》具体论述了情志相胜疗法的基本程序：喜伤心，恐胜喜；怒伤肝，悲胜怒；思伤脾，怒胜思；忧伤肺，喜胜忧；恐伤肾，思胜恐。情志相胜疗法是利用情志之间以及情志与五脏之间的相互影响、相互制约的关系，通过一种正常情志活动来调节另一种不正常情志活动，使其恢复正常，以有效治疗情志与躯体疾病的心理治疗方法。

三、认知方面

（一）认知训练法

认知训练是一种行之有效的情绪调节方法，它无论是对短时的消极情绪，还是对习惯性的消极情绪，都有较好的调节作用。认知训练法就是通过对认知调节和控制，纠正不良的认知习惯，形成积极的思维方式，从而消除消极的情绪，使人们对生活、学习和工作充满自信和活力。认知训练主要有两种，一种是"合理情绪疗法"，另一种是"归因训练法"。合理情绪疗法就是要找出认知过程中的非理性思维并努力加以纠正，最终达到消除不良情绪的目的。

我们常见的非理性思维有以下三个特征。

（1）非此即彼的思维方式。在这种思维中，要么是成功、完美无缺，要么是失败、一无是处。

（2）以偏概全的思维方式。当得到表扬时，会觉得自己十全十美，受到批评时，便觉得自己陷入"四面楚歌"的绝境。

（3）糟糕至极的思维方式。这样的思维方式会夸大某些事情的重要性，比如将自己的小失误看作是不可救药的，整个人生都将被毁了。这些思维方式通常不为个体觉察，但却会时时左右自己的行动。

"合理情绪疗法"包括以下4个关键步骤。

第一步，找到那些引起不良情绪的诱发事件，如高考落榜、受到批评。

第二步，将这些事件所引起的消极思维或想法从头脑中剥离出来，让它明确地反映到人的头脑中，如高考落榜后，会感到前途渺茫，愧对老师和家长，从而引发不良情绪。

第三步，对照非理性思维的特征，看自己的思维方式是否偏颇。

第四步，与自己辩论，以客观、正确的理性思维来代替非理性思维。如高考落榜远不如想象的那么可怕，失败了可以从头再来，即使永远无缘大学课堂，仍有无数条通向成功的道路。

（二）归因训练法

归因训练是另一种行之有效的认知训练法，是指人们对行为结果成功或失败的原因进行探究、寻求解释的方法。它试图在情绪产生之前，对导致情绪发生的事件或结果进行理性分析，进而影响后继的情绪和行为。事实证明，不同的归因方法，的确能导致不同的情绪反应。例如：足球场上，运动员如果认为是因为裁判的"黑哨"断送了本队的前程时，会产生愤怒的情绪，极端情况下，会直接攻击裁判员；如果运动员将失败的主要原因归结为本队的水平与临场发挥的确与对手存在差距，便不会有过激行为。

人类从三个维度对事件进行归因，即外部归因和内部归因、稳定归因和非稳定归因、可控归因和不可控归因，并发现人们通常把行为结果的原因归为四个方面：能力、努力、任务难度和运气（见表5-1）。6种不同类型的人，在成功或失败后引起的情绪反应有着极大的差别。把成功归于稳定的、内部的、可控制的原因，这就是积极、正确、科学的归因。而经常体验失败的人应选择不稳定的、内部的、可控的归因，它使人认识到失败不是不可避免的，并会知耻而后勇。

不难发现，归因方式有正确和错误之分，有积极和消极之别，我们要想提高学习和工作效率，形成积极稳定的情绪，就必须化消极归因为积极归因，变错误归因方式为正确的归因方式。这种变化过程并非一蹴而就的，必须有意地培养并经过长期训练，才能形成正确的归因方式。归因训练一般有如下几个步骤。

第一，要明确区分影响成败因素的性质：哪些是内部因素，哪些是外部因素，哪些是可控的，哪些是不可控的。要相信，你只能改变和控制内部的可控因素，而不能改变和控制外部的不可控制因素，对于外部的不可控因素，最多只能影响它。要明白你能控制和改变的你定能做到，而对你不能控制和改变的东西，不要勉强自己，也不要强人所难，否则会碰得头破血流而以失败告终。

以考试为例，考试过程是自己能够控制的，你可以认真作答，努力克服每一道难题，然而考试结果却在你的"掌控"之外，阅卷者的主观态度、题目的难易都会影响你的考试成绩，这些是你无法控制的。

第二，要分清楚积极归因的特点和作用。积极正确的归因，会激励自己积极主动地学习、不断进步，反之则会影响自己的自信心、进取心。

表 5 – 1　　　　　　　　　　事件因素与稳定性的关系

稳定性	内部因素	外部因素
稳定的	能力	任务难度
不稳定的	努力	运气

第四节　做情绪的主人——大学生
不良情绪案例分析

有一种奇特的心理学名词，叫作"踢猫效应"，描述了这样的心理效应：当个体对弱于自己或等级低于自己的对象发泄不满，造成负面情绪的传染，坏情绪便会如同多米诺骨牌一般向下级传递、扩散，而无处发泄的最弱小的那一个元素，则成为最终的受害者。不良情绪就像病毒，不仅伤害了自己和身边的人，还会污染整个社会，因此，处在这个环环相扣的情绪传播链上的我们，有责任将不良情绪扼杀在自己身边，这既是对自己的保护，也是对自己身边亲人朋友的保护。

案例1　她为什么这样对待我？

小莹与小周是某医学院大三的学生，同在一个宿舍生活。在入学之初，两人形影不离，是十分要好的朋友，但随着活泼开朗的小莹越发受人欢迎，且逐渐结识了更多朋友之后，不擅交际的小周便心生不满，两人的关系也渐渐疏远。小周觉得小莹处处强过自己，和小莹在一起，所有风头都被她悉数占尽，自己则毫无存在感。

大学三年级时的一天，小周去学院办公室勤工助学，辅导员便让小周顺便把小莹外出交流学习的审核表带回去。小周看着表格，心中十分不忿，回想起自己和小莹同时参加选拔，自己不幸落选，小莹却成功获得去外地交流学习一年的机会，心里的不满终于爆发。她趁小莹不在宿舍之机将审核表撕成碎片，扔在垃圾桶里，并且没有告诉小莹这件事，导致小莹未能按时提交相关材料，错过了宝贵的学习机会。后来小莹发现了小周的行为，非常生气和诧异，由于想不明白小周为什么会这样对待自己，两人都没有促进问题的解决，最终，两人的关系彻底破裂，从昔日好友变为仇敌。

案例分析：

小莹与小周之间的亲密友谊之所以变质，是因为小莹的嫉妒，使自己与朋友之间产生了隔阂，而嫉妒进一步作用，导致小莹对小周产生了仇视、厌恶的破坏性情感。在两人关系从好到坏的整个过程中，小莹和小周都受到了伤害，这体现了嫉妒心"互相伤害"的特点，既针对了别人，也伤害了自己，更不能使自己解脱。而之所以双方最终都无法实现和解，则是因为嫉妒心的隐秘性，导致当事双方都没有能够及时准确地发现关系破裂的原因，最终问题自然无法得到解决。

那么如何克服嫉妒心理呢？可借鉴以下措施。

第一，认清嫉妒的危害。嫉妒是一把双刃剑，在给别人造成伤害的同时，也会伤害自己，而且相比于遭到嫉妒的人，嫉妒者整日陷于自我消耗中不能自拔，显然更加痛苦，长此以往，嫉妒势必会对自己的身心健康造成更大的负面影响。此外，嫉妒者受到嫉妒思维的局限，往往不会从提升自我、超越别人的角度思考，而是从掣肘、妨碍别人的角度思考，这样做对于自我能力的提升和成长是极为不利的。所以，认清嫉妒的危害，是嫉妒者首先应该重视的一步。

第二，克服自私心理。嫉妒者的心理活动和思维结构中，一般会过分突出"我"的位置，以自我为中心，将自我作为一切思维的唯一出发点，这是极其错误的，也是人格不健全的表现。嫉妒者要从根本上杜绝嫉妒心理，就要摒弃以自我为中心的思维模式，放开眼界，开阔心胸，学会换位思考，这样才能享受到悦纳自己，接纳他人的快乐。

第三，明确目的。嫉妒者由于被嫉妒之心蒙蔽了双眼，一般并不以成功达到某种目标为目的，这就和争论的人为了赢得争论一样，最终往往不论输赢皆一无所获。嫉妒者的目的往往只是为了让别人变差，而并非让自己变好，放在人生的尺度上，这些目的就是可笑且毫无意义的。"尺有所短，寸有所长"，人的一生唯一能够不断超越的，其实只有自己。嫉妒者要摆脱嫉妒的牵绊，就应该首先明确自己的理想和人生追求，而不是为了没有意义的争端或比较，浪费自己宝贵的精力和时间。

案例2 "黑天鹅"的故事：压抑情绪是紧箍咒

芭蕾舞女演员尼娜，好不容易获得了演出《天鹅湖》女主角的机会，一人饰演白天鹅与黑天鹅。但精神压力接踵而来：导演一再说她没有黑天鹅的激情；女同事热情笑容的背后，似乎试图取代她；尼娜与母亲同住，母女关系不和谐；尼娜抓挠身体留下伤痕的旧习惯逐渐加剧。随着演出临近，她的压力也达到顶点。

白天鹅是传统好女孩——单纯、美丽、被动、柔弱，黑天鹅野性、欲望、诱惑，充满激情。

电影开头的尼娜还做不到，她只是白天鹅。这个好女孩力求每个舞蹈动作精准到位，即使导演一再提醒她：完美不是控制，而是爆发，但她无法爆发。母亲从小给她良好的艺术熏陶，也进行严格的管教，这个乖乖女很受束缚。当她不敢认可真实的自己，总努力去符合某种完美标准时，就是在戴着镣铐跳舞。当她的生命活力备受压抑时就是一种残缺的活法。

尼娜很费力却跳不出黑天鹅，让人叹息。对尼娜而言，她何时敢允许自己不必那么乖，而自然释放出真性情？她具备演好白天鹅的技巧，但欠缺活力与激情。被压抑之后，要找回活力，常常得为长期束缚之下累积的愤怒、恐惧、挫败感等寻找合适出口。在教练培训之下，尼娜最后在心里杀死了竞争对手，演好了黑天鹅。她压抑的内心终于爆发了。在很久的担忧、恐惧之后，她有了愤怒，有了不顾一切的执着，即便多年活在压抑中，她也渴望把握住机会，渴望在倾注了无数心血的舞台上做到完美，这份渴望，使她找回了释放生命活力的力量。

（资料来源：俞佳，钱水芳. 大学生心理健康实践手册. 北京：科学出版社，2018.）

案例分析：

学习压力、就业压力、家庭期待、朋友关系等周围情感的挫折，都容易导致大学生的压抑情绪。当这种压抑情绪强度较大或者持续时间过长，但又找不到或者没有适合的可宣泄途径之时，再加上个体素质缺陷，往往会导致心理异常，甚至出现精神疾病或者自杀情况。

解决措施：

面对压抑情绪，首先要坦然面对，不要与之对抗，要保持固有的生活习惯，有条不紊地做该做的事情。其次可以通过一些事情放松自己，如听音乐、运动、散步、绘画等。最后是和自己的亲友多交往、多沟通，增强感情交流，敞开心扉。

第六章

不贵亲密，而贵长久：
大学生恋爱心理

爱情是一个古老而常新的话题。恋爱的过程，是感情发展的过程，是彼此深入了解、互相适应的过程。健康文明的恋爱方式有助于造就健康、巩固、成熟的爱情。在青年男女相对集中的大学校园中，大学生恋爱已经是一种普遍现象。如何对待大学时期的恋爱将对人生有着重大的影响。大学生在恋爱心理方面的不成熟，会导致大学生产生一些心理问题。本章从恋爱心理概述、大学生恋爱现状、如何调适恋爱心理问题、性心理等几方面进行探讨与分析，以期使同学们能够对恋爱有正确的认识，树立健康的恋爱观，妥善解决恋爱中出现的问题。

第一节　什么是爱情

爱情是大学校园里一道独特的风景线，对于爱情的渴望成为大学生当中较为普遍的心理状态。随着大学生身心发展的成熟，其对于爱情的理解也在不断深入。但许多人也遇到了各类恋爱问题的困扰，影响了自己学习、生活和心理的健康发展。对于爱情这种深刻、复杂又独具魅力的情感体验，很多大学生都在追问，究竟什么是爱，如何判断自己是否得到了真爱呢？希望通过对爱情的科学解释，能为大家解开"爱是什么"这一谜题。

一、爱情的实质

有人这样描述爱情：爱情是生理活动和心理活动的统一，自然性和社会性的统一，体现着人深刻的社会性，它通过一定的社会形式把人的自然属性和社会属性联结在一起，从而引起两性精神上最深沉的冲动。也有人这样诠释爱情：爱情是一对男女之间，基于一定的社会关系和共同的生活理想，在各自的内心中形成对对方最真挚的倾慕，并渴望对方成为自己终身伴侣的最强烈情感，是两颗心相互向往、吸引、达到精神升华的产物，是人类特有的一种高尚的精神生活。在《爱的艺术》一书中，心理学家弗洛姆将人类的爱分为五种：父母之爱、兄弟之爱、自我之爱、异性之爱和神明之爱。此处的异性之爱就是通常所说的"爱情"。它是建立在传宗接代的本能基础之上，使男女双方产生的特别强烈的肉体和精神享受的相互仰慕，并渴望对方成为自己终身伴侣的高尚情感。从这些描述中我们看到，虽然人们对于爱情内涵的表述各不相同，但同样都涉及了生理、心理和社会三个方面。

（一）生理因素

这是指爱情产生于男女两性之间，异性相吸的生物本能使人产生美好的心理体验。

（二）精神因素

这主要是指爱情是一种高尚的情操，健康的爱情会愉悦身心，使人产生美好的心理体验。

（三）社会因素

爱情受社会因素影响，其中包括道德因素、社会责任因素、法律因素以及文化因素等。

二、爱情的特性

（一）高尚性和互爱性

爱情作为一种高层次的精神体验，具有高尚无私和互爱的属性，因此，自古以来，爱情都是人类一种高尚的人生追求。

（二）专一性和排他性

爱是无私的，也是自私的，其具有专一性和排他性，即不允许相爱双方之外的第三方涉足，爱的这种特性，既是相爱的前提，也是相爱的责任。

（三）稳定性和持久性

朝三暮四的感情并非爱情，真正的爱情绝非一时冲动，而是经得起时间和困难考验的天长地久的情感。

综上所述，爱情的本质是由爱情的生理、心理、社会三个要素相互作用构成的。生理的成熟构成了大学生渴求异性的原始动力；思想吸引和心理相容推动了大学生两性交往的深入，并以婚姻、家庭作为最终目标，受到社会道德和法律的制约。所以心理学上将爱情定义为建立在生理、心理和社会综合需要基础之上的、使人能获得强烈的生理和心理享受的稳定而持久的情感。

第二节　大学生恋爱心理及常见问题

大学生是一个精神世界敏感、丰富的群体，越是在这样的群体中，爱情就越不容易一帆风顺。复杂的情感需要，使得大学生在恋爱过程中不可避免地遭遇各种挫折，在各种困惑下，大学生总要停下来思考，认识问题并寻找解决问题的方法。

一、选择的困惑与调适

选择困惑是恋爱关系中最初遭遇的困惑，面对这种困惑，首先需要建立正确的自我认知，明确自己想要的是不是爱情，然后再去思考怎样收获这样的感情。

（一）为了恋爱而恋爱

很多大学生认为自己到了该谈恋爱的年纪，恋爱就是理所当然的，于是陷入一种"为了恋爱而恋爱"的误区，这是很大的错误。大学生应该认识到爱情与责任是密不可分的，选择与一个人恋爱，就要为这份感情负责，许多学生不懂这样的道理，随便选一个，等到发现"真爱"，甚至仅仅觉得下一个更好，便草率分手，不了了之，如此很容易陷入一种恶性循环。爱情不是任务，不知道应不应该谈恋爱的困惑，不应成为选择的先决条件。

调适方法：树立正确的爱情观，审视自己的恋爱动机是否与爱情有关。一般来说，与爱情无关的恋爱动机有：好奇、孤独、刺激、虚荣、从众、占有、功利等。

（二）不知道该不该表白

自己爱上了对方，但不知道对方是否也爱自己，想表白心迹，又怕遭到拒绝，于是，许多大学生陷入了左右为难的境地。要知道，有些感情是在表白之前就已埋藏在双方心里的，而有些感情却是单方面的喜欢，是需要慢慢培养、逐步确定的，不能操之过急。

调适方法：正确认识对方对自己的情感，比如可以经过观察甚至设置一些巧妙的考验，如果发现对方根本就对自己"没有好感"，就没有必要向对方表白自己的心迹。

（三）不懂拒绝

有的时候，拒绝往往比表白更加困难。有的人在面对他人的爱意时，采取不置可否的态度，这样虽然在第一时间回避了伤害别人的风险，有的时候也能给自己充分考虑的时间，但回避并非最终目的。面对表白，许多人将第一时间的犹豫转变成拖延，有的甚至态度暧昧、温吞、拖延，无限期地回避。

调适方法：在不伤害对方自尊心的情况下，委婉拒绝，明确态度。比如谎称自己已经有喜欢的人，而非对方不够优秀。

（四）不敢提分手

在恋爱的过程中发现对方不适合自己，而对方还依然爱自己，由于担心伤害对方而不知道如何提出分手。造成这种困惑的前提，一般是在对方没有直观的错误，而自己又不清楚想要分手的真正原因的情况下。

调适方法：明确爱情是不能强求的，如果一方发现对方不适合自己而准备结束恋爱关系，最好是让对方有一定的思想准备，比如，用一些暗示性的语言表明两人不合适。在对方有思想准备的情况下，再提出分手，这时要坦率说出分手的真正理由，不能找借口或撒谎。

（五）知己难寻

许多人都有过知己难寻的困惑，真正的知己难寻确实无药可解，但绝大多数情况却并非如此，许多时候，没有知己要么是因为自己不了解别人，要么是因为别人不了解自己。

调适方法：认真审视、调整自己的择偶标准，人无完人，因此要认清哪些标准是重要的，哪些是可以妥协的；善于发现他人的优点，在一些情况下，主动展现自己，让他人更多地认识自己；在寻求爱情的过程中，既要有主观上的用心，又要顺其自然、不可强求。

二、单相思的苦恼与调适

对他人的感觉感同身受是很简单的，但要知道对方是否和自己有着同样的感觉却十分困难，单相思是指异性关系中的一方倾心于另一方，却得不到对方回报的单方面的恋情。

单相思多是一场感情误会，是"爱情错觉"的产物。单相思使某些大学生陷入痛苦的境地，处于空虚、烦恼，甚至绝望之中。如果处理不好，对以后的恋爱、婚姻生活都有消极的影响。

单相思的调适方法主要是认知领悟的心理调适。如果是自己有意而对方并不知情，并且觉得对方有很大的可能也喜欢自己，就可以大胆地向对方表白，感情被接纳，爱的快乐就会取代等待的痛苦。如果觉得对方根本就没有可能爱自己，就没有必要表白自己的感情，因为这种表白既可能给对方造成心理压力，也会使两人的关系显得不自然，此时需要用理智克制自己的情感。爱情一定是两情相悦，强扭的瓜不甜。

三、亲密关系的困惑与调适

恋爱中的人常有这样的困惑：二人走得太近，会太过亲密；二人离得太远，又会显得疏远。具有亲密关系的双方，究竟应该保持多远的距离？心理学研究表明：健康的亲密关系，其实依托的就是双方的独立和自信。那么，亲密的恋爱关系中，独立和自信是如何体现的呢？

一是有各自的工作和兴趣。爱情是生活的重要组成部分，但不是生活的全部，不仅如此，爱情的质量与生活的质量是相互构成、相互影响的，工作和兴趣可以丰富一个人的生活，提升一个人的能力和素养，从而使一个人获得更多的成就感和价值感，这些既是生活质量的重要组成部分，同样也是提升爱情体验感的重要组成部分。

二是有各自的朋友圈。恋爱关系尤其是婚姻的确立，意味着彼此从此成为对方世界的中心，但这并不意味着彼此就必须高度同化。恋爱是两个人走到一起，爱情的价值就是建立在两个人的世界是开元的基础上，爱允许占有，但不是剥夺，更不是剥削，恋爱双方可以将彼此视为唯一且最重要的存在，但也要允许对方有自己的交际圈。

三是保持独立解决问题的能力。当你遇到难题时，是首先会找另外一半帮忙呢，还是会自己独立解决？有人一针见血地指出，人一旦恋爱，就成了生活"残障"，而亲密爱人刚开始可能会惜香怜玉，乐此不疲，但时间一长就会烦恼。要知道，一个自立的人永远都是值得尊重的，而一味索取别人帮助的人，本质上又是对别人付出的不尊重。

四是有自己独立的时间和空间。这里的空间包括物理上的距离和心理上的距离。在亲密关系中，有一个反应链，当亲密中的一方对另一方满怀希望时，就会产生期待，期待导致要求，要求导致依赖，依赖就是一种控制。对另一方而言，你的欲望每前进一步，他的心理压力就增加一级。只有一个独立的自己，才能拿捏好各自的欲望，在沟通协调的基础上获得适当的满足。

弗洛姆在《爱的艺术》一书中提到，爱情是一种个人体验，每个人只能通过自己并为自己得到这种体验。让我们正视爱情，面对爱情中的困惑，勇敢地用行动化解，收获自己的美好爱情体验吧！

四、失恋的困惑与调适

失恋是恋爱中常见的现象。失恋是指恋爱过程的中断。失恋带来的悲伤、痛苦、焦虑、虚无、绝望、忧郁等情绪，会让当事人受到大小不等的伤害，其所引发的消极情绪若不及时化解，更可能会导致身心疾病。

（一）失恋后常见的情绪反应

（1）不甘。对分手的结果感到不甘心，具体表现为：出于自己单方面的意愿，不承认或不接受已经分手的事实。

（2）愤怒。一般出现在被迫分手的情况下，分手后，基于自己的付出没有得到对方的感激或珍惜而产生了怨愤心理。

（3）孤独。失恋后的孤独感一般源于对过往恋爱经历的回忆。

（4）感觉被抛弃。在这种情绪反应下，被抛弃者通常会对世界感到绝望。

（5）内疚或后悔。将失恋的责任归咎于自己。

（6）被欺骗的感觉。通常发生在被迫分手或不平等的（至少是被认为不平等的）恋爱关系里。

（7）绝望。觉得爱人离开，世界崩塌，怀疑自己不值得被爱或无法再爱别人。

（二）失恋后的自我调适

"每个人只能陪你走一段路，迟早是要分开。"和其他所有的离别一样，失恋是一个人成长的必经之路。分离，不论对错，都是成长的必经之路，失恋虽然不能让你获得什么，却能让你认清自己。失恋是在一片废墟中回顾过往中的那个自己，如果你足够聪慧，你不仅能从这里重新找回自我，也能发现一个崭新的自己，而这一次创伤所带来的，正是一个人成长的契机。有些人因为失恋的挫败而裹足不前，被忧郁、痛苦和绝望折磨得无法自拔，甚至自暴自弃、自残、自杀，这都是因为他没有看清失恋的本质。

失恋的类型有很多，针对失恋的原因，调适的方法也各不相同。

1. 幻想破灭导致的失恋

大学生涉世未深，理想中的爱情与世界一样，大都来自小说或电影，恋爱之前，大学生对爱情往往寄予过多幻想和期望。恋爱开始时，对方许多优点都被放大，而缺点则被美化，恋爱后随着两人的长时间相处，相互之间放下遮掩和隐藏，彼此发现对方似乎并不如当初那样美好，便逐渐产生心理落差。恋爱进行到最后，当恋爱双方对彼此抱持的幻想或期待高出现实，便导致最终的幻想破灭。

调适方法：首先要调整自己对于他人的认知，金无足赤、人无完人，要学会接受他人的缺点和不足。大学生在恋爱前、失恋后，都应该积极告诉自己，这世界上没有完美的人，也没有完美的爱情。恋爱中，彼此遭遇的很多问题，发生的很多矛盾，都是需要逐渐磨合适应的，只要不是性格上或原则上的分歧，矛盾和分歧都是正常的现象。

2. 性格不合导致的失恋

有些大学生因被对方的某种个性吸引而恋爱。但恋爱后，如果两个人的个性相抵，又不愿意做出牺牲或改变，双方便可能随着接踵而来的各种矛盾而陷入争吵，当亲密和激情被冲突消耗殆尽，爱情便只能走向终点。

事实上，从成长的角度而言，恋爱是对恋爱双方的一次重塑。个性相符固然可以成为爱情发展的基础，但长远的爱情并不一定要求两人个性有着怎样高度的契合。在一定程度上，恋爱双方的某种个性都会有相互吸引和相互排斥的地方，相互吸引、欣赏的个性越多，相互排斥的地方越少，两个人需要的磨合也就越少，两人就越合适，反之亦然。但即使两个人的个性完全互补，如果在任何事上都不能作出让步，只从自己的角度出发，爱情一样无法长远。在一般的爱情关系里，两人的关系最终往往取决于双方对吸引和排斥的个性部分如何做出取舍。

调适方法：首先问自己，你可以为了他/她的哪些优点，包容他/她的哪些缺点？换言之，他/她的哪些优、缺点对你而言是重要和无关紧要的？其次问自己，你们之间的感情经历会在多大程度上成为你审视的包袱？这些感情经历，是否与你们彼此看不到的优、缺点有关？这个问题可以让你更加深刻地了解到他/她的优点和缺点。当你在一场恋爱中，由于个性矛盾感到困惑时，这些问题的答案或许可以给你带来解脱。

3. 第三者插足导致的失恋

由于"第三者"的出现，使恋爱一方受到诱惑或纠缠，可能导致原来恋爱双方的关系难以继续维持。这种情况下，失恋者会感觉遭到背叛或遗弃，随之而来的感受还有屈辱、孤独、失落、憎恨等，随着这些负面情绪的叠加，最终深陷泥潭，不能自拔，甚至出现精神问题。

调适方法：处在这种情况下，首先应告诫自己，不要冲动，避免做出令自己后悔的事情。然后要辩证地看待这件事，当遇见第三者插足导致失恋，那对自己而言虽然不算好事，但也绝非坏事，因此不必憎恨对方。"第三者"是对彼此爱情的考验，实际上更是对对方的考验。失恋后，要弄清楚自己应该为什么而难过，绝不是为了失去对方，而是为了那些点点滴滴的经历，那经历只属于曾经爱过对方的自己，而并不属于对方——这一切只会使自己在人生的成长道路上更进一步，变成一个更有勇气、更加坚定的人。

4. 感情淡却导致的失恋

经过一段时间的恋爱后，恋爱双方若都觉得激情耗尽或不再亲密，失去共同语言或幸福感，于是双方"心平气和"地分手或不了了之。

调适方法：这种情况导致分手的人，往往会陷入一种冷淡的心境，心态上呈现出与第一种类型截然相反的情况，对爱情彻底失去憧憬和激情，因而失恋后最重要的是鼓励自己——一场恋爱的结果不能证明任何事，也不代表这世上没有爱情。同时还要积极思考总结，透过前一次的情感经历，弄清楚哪些个性或特质能够打动自己，哪些特质又是华而不实，经不起时间考验的。

5. 两地离散导致的失恋

由于恋爱双方的地域隔阂，距离拉远了双方的情感，时间冲淡了双方的思念，或不甘忍受长期的相思之苦而忍痛割爱。特别当身边出现比较中意的异性时，这种原有恋情的结束就很难避免。

调适方法：如果是异地恋导致的情感冷淡，这种情况一般不需要过多地调适，如果是不堪忍受长期别离的相思之苦，那便首先要将自己的感受传达给对方，然后积极主动地制造重逢的机会。要知道，苦尽甘来的爱情更值得，也更容易被珍惜，如果对方和自己有着相同的想法，那么即使相隔千里，也可心有灵犀。好事多磨，时间又何尝不是对两人爱情的考验呢？

第三节 大学生的性心理健康

谈到爱情，不能不谈到性。性不是一种简单的生理活动，而是一种文化，一门科学。很多学者都提出，人们应从生理、心理和社会三个方面来全面地认识性、理解性。从生理的角度讲，性是人类最基本的生理特征之一，性的需要就如人需要呼吸、饮食一样，是一种自然本能，正所谓"食色，性也"。

从心理的角度讲，性的概念涉及与性有关的一切心理现象，包括人的性态度、性取向、性偏好以及在性活动中体验到的情感等。从社会的角度讲，性是人类社会得以繁衍发展的基础。同时，性观念和性行为的发展也受到社会道德规范的约束，接受社会舆论和法律的监督。在不同的意识形态、道德规范下，人们会有不同的性观念和性行为。

一、性心理健康标准

1974 年，世界卫生组织在一次关于性问题的研究会上，对性健康的概念作了如下论述：性健康是与性有关的身体、情感、心理和社会的健康状态。由此可见，性健康涉及性生理、性情感、心理和社会等各个方面。以此概念为依据，我们便有了认识性心理健康的标准。

性心理健康是指个体具有正常的性欲望，能够正确认识性的有关问题，并且具有较强的性适应能力，能和异性进行恰当交往，在免受性问题困扰的同时还能增进自身人格的完善，促进自己身心的健康发展①。

性心理健康的标准，应该符合以下几点。

（1）接受自己的性别。一个性心理健康的人能正视自己的性心理发育、性心理变化，能在所处的社会环境中正确评估自己，能客观地评价自己和他人，并乐于承担相应的性别角色。

（2）具有正常的欲望。性欲是能够获得性爱和性生活的前提条件。具有正常的性心理首先就得具有正常的性欲望，否则就不会有和谐的性生活，更不会有健康的性心理。性欲望的对象要指向成熟的异性个体，而不是其他群体、物体等替代物。

（3）性心理和性行为符合年龄特征，即性生理成熟与身体成熟同步，而身体成熟又与年龄同步。

（4）正确地对待性变化。个体在生长和发育过程中，性心理因素、性生理因素和性社会因素是交互呈现的，个体在这其中要建立自我同一性才能保持三者的和谐状态。这就要求个体能够正确对待性生理成熟所带来的一系列身心变化，在出现性冲动后，能够正确释放、控制、调节性冲动，使之符合社会规范的要求。

（5）对于性没有恐惧感。能够科学地看待性，把性作为生活的一部分而非对性产生恐惧和怀疑。

（6）和异性保持和谐的人际关系。与异性交往过程中做到相互尊重，相互信任。

（7）选择正当、健康的性行为方式，不做有违风气道德的事，符合社会的伦理道德规范。

从性心理健康的标准可以看出，性心理健康也是生理、心理和社会适应的统一。所以，健康的性心理不仅表现为个体身心的健康，也

---

① 朱俊勇. 性与健康 [M]. 武汉：武汉大学出版社，2019.

表现为在健康性心理作用下的性行为的健康，从而构建整个社会的性心理健康。

二、大学生性心理特点

（一）性心理的本能性和朦胧性

大学生对性的认识不足，尤其是低年级的学生，有的大学生缺乏相应的性知识，对性的理解只停留在最原始的本能基础上，更不用谈与性相关的社会内容。基于这样的认知前提，大学生对异性的态度仅仅停留在感兴趣、有好感的朦胧阶段，因此便有许多大学生怀着强烈的好奇心追求异性。所以，绝大多数大学生的性心理都是不成熟的，其性意识也处在一种朦胧混乱的初级阶段。

（二）性心理的强烈性和表现上的文饰性

处在"心理断乳期"的大学生具有明显的心理闭锁特征，不愿主动与他人分享自己内心的想法，但自身对于性的相关知识却有着很大的好奇心，这就给大学生的性心理披上了一层遮羞布。

大学生正处于心理断乳期，心理闭锁是其显著特点。一方面，他们对异性和与性相关的事物具有极大的好奇心，渴望了解异性心理和性知识、性行为等。另一方面，他们却不愿他人知晓自己的内心想法，将自我紧紧封闭，这就导致了大学生性心理表现上的文饰性。例如：他们内心很重视异性，特别是所倾慕的异性对自己的评价，但表面上却做出无动于衷、不屑一顾或故意回避的样子；他们表面上好像讨厌那种亲昵的动作，但实际上却十分希望亲身体验。表现上的文饰性使得大学生内心真正的性心理无法展现，在人际交往特别是异性交往中不能坦然相对，由此产生的心理矛盾会引发大学生的种种心理冲突和苦恼。

（三）性心理动荡性和压抑性

大学生正处于青春期，性能量在这时达到顶峰，在性激素的激发下，会产生强烈的生理感应和心理体验。此时，强大的内心体验和大学生尚未成熟、稳固的性道德观与恋爱观形成了鲜明的对比，自控能力较弱，容易受到外界不良信息的影响。现在互联网上具有丰富多彩、五花八门的性信息，特别是西方的"性解放""性自由"的思想，将个别大学生的性意识引向错误的方向而使其沉溺在谈情说爱和对性过多的关注与探索中，甚至走向性过失、性犯罪。

同时，在道德、法律的力量下，一部分大学生的性能量被社会规范和个人理智所约束与抑制，得不到合理的疏导、升华，这种性的生物性与社会性之间的冲突使许多大学生产生了性压抑，少数学生还可能以扭曲的方式、不良的甚至变态的行为表现出来，如厕所文学、课桌文化、窥视、恋物等。

三、大学生性心理健康维护

（一）掌握科学的性知识

对于性，大学生应该有一个基础、全面的科学认识。性是一门综合性的学科。它包括性生理学、性心理学、性社会学、性伦理学、性美学等。学习性生理学，了解性生理结构及功能、性发展和成熟的规律，去掉性禁忌，减少性神秘感，降低性压抑；学习性心理学，了解性心理的发展，以理智克服冲动；学习性社会学，了解性行为的社会属性，按社会需要规范性行为；学习性美学，使性行为符合审美需要。大学生应当努力学习和掌握性科学知识，避免性无知，消除把性仅仅看作是生物本能的片面认识。

(二) 培养健康的人格

性是人格的重要组成部分。人与动物的一个重大区别之一在于，性在人的身上不仅反映为单纯的生物本能，而且反映在一个人对待性的态度。一个人的性观念与其人格的完善息息相关，一个人人格的许多方面，都会在两性关系中充分体现出来。

大学生应该自爱自信，性是爱情的生理前提，但绝非爱情的全部。大学生不应该以性关系作为维系爱情关系的唯一方式，只有性的爱情就像一潭死水。在一段感情里，作为恋爱双方的大学生应该让感情有所发展，要知道，即使是细水长流的爱情，亲密和激情也总有耗尽的时候。爱情不是无源之水，只有不断地为爱注入新鲜的血液，爱情才能真正的天长地久，而最终能够使爱情不断发展的，应该是不断丰富和提升的彼此。大学生只有在性以外的部分，不断拓升自身内涵和深度，自身的魅力才能够不断迸发。

性不仅是个人行为，更是一种社会行为，不仅涉及彼此，更涉及许多社会责任。这是因为性行为与人类的繁衍生息有关，可能涉及第三个生命，而这有可能对他人的人生产生不可逆转的影响。一个成熟的大学生应该充分了解个人性行为可能给他人带来的影响，给社会带来的后果，只有在充分考虑他人、尊重他人的前提下，才能真正对自己的行为负责。所以，大学生应该增强自己的法律和道德意识，约束自己的性行为，对自己的性行为负责。

要培养良好的意志品质。大学生自我控制性冲动能力的大小，在一定意义上是由个人意志品质的强弱决定的。意志作为达到既定目的而自觉努力的一种心理状态，具有发动和抑制行为的作用。尽管有的青年人有很强的性冲动，尽管在外界性刺激的情况下，人会急于寻求性的满足，但是，人不同于动物，人有意志力，人可以抑制和调整自我的冲动。那些放纵自己的人往往缺乏坚强的意志品质。鲁迅先生曾经说过："不能只为了爱——盲目地爱，而将别的人生的意义全盘忽略了。"为了自己长远的幸福和个人成功的发展，应当努力培养自己良好的意志品质。

（三）积极进行自我调节

正如自己需要被尊重一样，每个人都需要被尊重，大学生应该懂得用自己期待被对待的方式去对待他人，这样才能建立良好的人格标准，从而发展合理的自尊。在这样的前提下，理解自己的性欲望，掌控自己的性欲望，不使自己被欲望所掌控。

对于性冲动，除了给予适度控制外，还可以采取一些积极的、富于建设性的、符合社会规范的方式，来取代或转移性欲。通过投入学习、工作和参加各种文体活动，以及男女正常交往等多种合理途径，陶冶个人情操。大学生要尽量避免接触影视、报刊、网络上的过强的性信息刺激，抵制黄色书刊等不健康的影响。

（四）文明适度地进行异性交往

文明适度地进行异性交往，可以满足青年期性心理的需求，缓解性压抑。异性交往有益于扩大信息、完善自我，对个人的恋爱婚姻及个人的成才发展具有重要的作用。但大学生在与异性交往时要把握分寸，注意场合，规范行为，处理好"友情"与"恋爱"的关系。

第四节 情感发展规划——大学生恋爱 问题案例分析

自由的大学生活使大学生脱离了老师和家长的束缚，在这样的条件下，大学生便自然而然地萌生了恋爱的想法。在大学的校园里，成双结对的情侣随处可见。有人觉得大学生应该趁着这段人生中最美好自由的时间，好好地谈一场恋爱，也有人认为，大学的主要任务是学习，大学生应该把宝贵的时间全部投入学习上，而恋爱让大学生无法专注学习，因而浪费了大学四年的宝贵时间。其实，爱情与宝贵的知识一样，是一个人成长的积累，大学生应该正确、理性地看待爱情，处理恋爱关系，使恋爱成为促进自身成长的契机。

案例1　爱是付出不是索取

22岁的李某是大学四年级女生，身高一米七，五官清秀，体态苗条，打扮时尚。她是家中独生女，父母是大学教师，家庭很和睦。她从小学习成绩优秀，高考顺利进入重点大学。但是入学不久她却面临了爱情的困扰。

他的男友吴某，24岁，是天津某名牌大学研究生。两人为邻居，从小在一起学习小提琴。确定恋爱关系之后，双方父母都很满意。虽然他们没在同一城市读大学，但感情一直很好。亲戚、朋友与同学都很羡慕他们，李某自己也很自豪，认为他们的爱情如童话般美丽。

但是一周前，两人恋情爆发了严重危机。起因是吴某因为导师召唤，暑假未结束就提前返校，未答应李某一同出游的请求，李某很不开心。几天后，李某有一个一直对她有好感的大学男同学秦某，邀请她与其他两位同学一起去进行"告别暑假的最后狂欢"。那天李某喝了不少酒，秦某也不太清醒，在送她回家的出租车上，两人很亲昵。此后，秦某向李某展开爱情攻势，李某对此十分后悔。

国庆节，吴某回北京与李某团聚，无意中发现了秦某给她的情书，其中还提到那天的事情。吴某很生气，不管她如何解释都不原谅她。第三天男朋友就回校了。

男友为了报复李某，接受了一个追求他的女孩，很快他们就出双入对了。不久，消息传到李某耳中，她周末就赶到天津，与吴某二人撞个正着。李某在对着那女孩一阵歇斯底里的喊叫之后，不顾男友的极力解释与劝阻就回北京了。

之后李某极度痛苦，精神几乎崩溃，满脑子都是男友与其他女孩牵手的影子，晚上也睡不好。虽然男友向她道歉、解释了。但是，李某发现她失去了一直自以为豪的完美爱情。她还担心即使他们和好了，以后还是会有问题，情绪受不得一点刺激。与男友复合还是接受秦某，一想到这个问题她就感觉要崩溃了，她每天在问自己到底怎么了？

案例分析：

如今，大学生恋爱观总体大致有三类：

第一，图一时之乐，忽视长远发展。这种恋爱观或许能让大学生在短期内迅速找到有好感的对象，并很快脱单，但由于双方对对方审视上的片面，随后必然会产生诸多矛盾，可能聚得快，散得也快，也未必能给自己带来成长。短暂的快乐之后便是持续不断的空虚与迷茫，同时又不断循环，给他人带来更多伤害，给更多人灌输错误的恋爱观念。

第二，注重长期收益，痴于一段长久感情。这种恋爱观要比上一种更加理智，也通常更加稳定，为双方带来的正面收益也更加丰厚，持续下去的结果也并不坏，感情生活一般都能得到有效的满足。不过因为分开而产生的伤害也是巨大的。

第三，在大学没有恋爱的意愿，想等到未来生活中再做筹备。有此种思维的大学生，通常目标明确，将精力放置于提升自我上，能够坚定此种观念，最终结局都不会差，能够让自己变得很优秀。但可能会在未来与异性相处中产生一系列难以解决的问题。

而案例中的李某和吴某的恋爱观显然不那么成熟，所以他们在面对诱惑时才会轻易缴械投降，而李某更是深受感情困扰，陷入了自我怀疑的泥沼。

大学生处于人生最为特殊的阶段，他们虽然对爱情怀抱美好的向往，但因人生观、世界观、价值观还未成熟，很容易陷入各种恋爱困扰之中，乃至耽误学业、影响前程。大学生在恋爱过程中，应注意以下事项。

第一，感情必须专一。大学生由于年纪轻，思想还不是很成熟，很容易被周围的环境和人左右，导致恋人之间感情不稳定，而产生朝三暮四的不良想法，和这个谈着也不忘和那个暧昧，导致出现影响同学关系的情况，这是个违反原则的问题，恋人关系绝不能混同于异性朋友关系，这是不能有半点模糊的，否则会造成很多不良后果。因此恋爱期间，要保证感情的专一，切记不能三心二意，否则你有可能会为之付出代价。

第二，爱是付出不是索取。现在大学生的恋爱观都比较务实了，自我意识比较强，在恋爱期间总是考虑能从对方那里得到什么，却很少考虑能为对方做什么，这样会导致恋爱期间由于愿望得不到满足，而对恋人产生不满，严重的还会互相伤害。所以，大学生要树立正确的恋爱观，相爱意味着奉献和付出，要多为对方着想，这样才能构建和谐的恋爱关系。

案例2　爱情和学业是否能够兼顾？

进入大二，秦晴谈了人生中的第一场恋爱，没有美丽的鲜花，也没有浪漫的诗句，一句简简单单的"我们在一起吧"，从此，秦晴和男友便走进了对方的世界。他们一起上下课，一起去餐厅吃饭，体验了从未有过的恋爱幸福感。秦晴在网上看到这样一段话："我们生活在一个爱情被称为快餐式的时代，恋爱的热情来得快，去得也快。"而秦晴却觉得她和男友的感情远不止这样。男友对她说过三观最正的一句话是："恋爱的本身就是相互验证，总会有些人受不了吵吵闹闹而中途退出，留下的人继续接受考验。"平日里，他们或多或少会有些争执、吵闹。世上本无不吵架的情侣，但每当他们吵架的时候，秦晴都会想起男友曾说过的这句话，立马就意识到事情还没有严重到不可挽回的地步。渐渐地，她和男友都会给彼此时间，进而缓解彼此的情绪。谈恋爱让他们学会了很多东西，可以说是受益匪浅。这段恋情让他们彼此在不知不觉中慢慢成长，各自都成为一个有责任、有担当的人。尤其是秦晴，不仅磨炼了自己的耐心，还会为了对方突破自己的底线，弥补自己的不足，积极地去锻炼自己的各项能力。秦晴逐渐明白，理智地谈恋爱不仅会让对方拥有心灵寄托，还会突破快餐式恋爱时代的枷锁。

如今他们已经步入大三，学校给他们安排了顶岗实习作业，需要他们去各个企业实习一段时间，就这样，他们开始了异地的恋爱生活，彼此只能在下班后、空余的时间打个电话道道一天的经历，聊聊工作的感想。秦晴曾问男友："我们异地了以后，对彼此的爱会因为时间而削减吗？"男友回答说："异地虽然有距离，但爱没学过地理。"到现在，他们已经异地生活了三个月了，每天，他们都会保持一个小时的电话，秦晴不觉得他们之间的爱在慢慢消失，相反，他们的爱意在异地的日子越来越浓烈。

案例分析：

恋爱与学业，看似水火不容，不是恋爱耽误了学业，就是学业敌不过爱情。但实际上，当代大学生不能抱着这种非黑即白的态度去人为地将恋爱放在洪水猛兽的定位上。只要能够在恋爱情感与学业生活之间把握好适当的平衡，坚信并践行，恋爱与学业从来不存在二元对立，往往是可以二者兼而有之的。恋爱与学业更是可以互为彼此的催化剂，让我们同时收获恋爱结果的甜蜜与学业有成的喜悦。

当然，大学生谈恋爱最好要以不影响学习为前提。只因大学生主要任务就是学习，恋爱应该促进双方更加刻苦地学习，从而为双方美好的未来奠定基础，而不能因为恋爱耽误学习，到头来落得个竹篮打水一场空的结局。

案例3 不雅视频的威胁

小曦（化名）是一名大三学生，很快与朋友介绍的无固定工作的小明（化名）确定了恋爱关系。两人相处不久便发现世界观、人生观、价值观、恋爱观不同，和平分手后小明多次通过各种途径联系小曦要求复合，甚至不惜拿小曦的不雅视频通过QQ发送给小曦的室友和同学来胁迫。此等极端违法手段对小曦的生活和学习造成了严重的危害。惊慌失措的小曦感到局面无法控制时，诚惶诚恐地拨通了辅导员的电话。

辅导员主动约小曦到校园林荫路散步谈话。刚开始小曦六神无主，情绪低落，对辅导员提出的问题总是支支吾吾。见此状况，辅导员轻轻拍了拍她的肩膀，用坚定的眼神鼓励她说："别怕，有我在。"小曦内心的顾虑被打消，于是对辅导员讲述了事情的来龙去脉。

了解事情原委后，辅导员首先对女孩的处境表示同情，然后针对小曦的遭遇，在不伤害女孩自尊的前提下，为她分析了这次恋爱经历的原因，最后在尊重女孩意愿的前提下向当地公安机关报案。最终派出所对违法嫌疑人小明进行了逮捕并处以拘留十天的处理。

随着事情的告一段落，没有了小明的骚扰，小曦的状态也渐渐好转，生活学习重新回到正轨。在辅导员的告诫下，为了避免遭到报复，小曦在接下来的学习生活中也更加谨慎，短期内减少外出次数。

案例分析：

女大学生在失恋后遭遇极端行为时，由于缺乏社会经验、心理素质较差等缘故，往往会出现六神无主、不知所措的情况，这时作为受到威胁的受侵害者，其心理状态是十分脆弱、崩溃的。因此，辅导员并没有在得知事件原委后立即采取措施或批评，而是首先对小曦表示鼓励和支持。

作为涉世未深的女大学生，小曦之所以会陷入上述局面，是因为案例中两人不够了解就确定了恋爱关系，这是对自己和爱情认识不到位的表现。好的爱情是做最好的自己，共同进步，一起成长，彼此成就。正确面对恋爱中出现的问题，一旦发现不合适及时止损，找对方法好聚好散，避免死缠烂打甚至触犯法律。

解决措施：

当事态发展到自己无法解决时，大学生应及时向周边可靠的人寻求帮助，而小曦之所以会在第一时间找到辅导员，与后者在日常生活中打下的与学生信任尊重的基础密切相关。

第七章

逆境成长，坚韧不拔：
大学生挫折心理

没有挫折的人生，就像温水煮青蛙，在安逸中逐渐磨灭了斗志，永远也没有了纵身一跃的勇气。所以，成功固然可贵，失败同样必不可少。对于大学生而言，压力和挫折既造成困难和打击，也带来激励和成长，正确地认识与对待压力和挫折，是成功人生的必经之路。

第一节 挫折概述

一、什么是挫折

挫折，即失败、失利。心理学中的挫折是指一种情绪状态，是指人们在某种动机的推动下，为实现目标而采取的行动遭遇到无法逾越的困难障碍时，所产生的一种紧张、消极的情绪反应及情绪体验。

挫折包括三个方面的含义：一是挫折情境，即指对人们的有动机、有目的的活动造成的内外障碍或干扰的情境状态或条件，构成刺激情境的可能是人或物，也可能是各种自然、社会环境；二是挫折认知，即指对挫折情境的知觉、认识和评价；三是挫折反应，即指个体在挫折情境下所产生的烦恼、困惑、焦虑、愤怒等负面情绪交织而成的心理感受，即挫折感。其中，挫折认知是核心因素，挫折反应的性质及程度，主要取决于挫折认知。

二、挫折的类型

大学生作为一个特殊群体，容易遭遇四个方面的挫折，分别涉及学习、经济、人际关系和情感四个方面。

（一）学习方面的挫折

崭新的学习环境，让大学生第一次体会到自我期望与客观现实的反差。这是因为大学阶段的学习方式不同于中学，大学学习的知识内容具有更强的专业性，各学科之间的整体衔接性较强，学习方式方法的改变，导致大学生在入学后的第一时间很难迅速适应。此外，大学校园是个人才济济的地方，来自全国各地的考生，曾经都是各个学校的佼佼者，进入大学之后，学生的成绩优势很可能不再突出，这可能导致大学生的自信心受到影响甚至遭受打击。

在学习上，大学生遇到挫折的主要原因如下。

1. 不适应所学专业

大学教育的主要任务是为社会培养各专业的高级人才。不同专业之间的教学内容、教学设计及教学培养目标都存在较大差异，因此大学生必须根据自己的兴趣爱好和自身的知识能力选择适合的专业。有的学生因盲目报考、分数限制或投机等目的选择冷门或热门专业，真正进入大学后发现自己根本不适合学习所选专业，最终导致学习上的消极心理，对所学专业的就业前景也失去信心。

2. 不适应大学的生活方式

大部分自理能力较差的学生很难适应大学生活。许多大学生在中学时代没有过住宿经历，洗衣、吃饭这类生活琐事往往都由家里负责，进入大学之后，这类学生便容易陷入生活上的混乱，无法照料自己的起居生活，或者无法适应新环境下的作息规律，有些性格孤僻的学生还容易和宿舍室友发生矛盾，种种因素的干扰，使这部分大学生被生活折腾得焦头烂额，更无暇顾及学习。

3. 不适应新的学习模式

大学的学习模式与中学有着本质上的区别，中学时的学习主要集中在教师的课堂讲授，学生的接受性较强，而大学生的学习相对自主，往往下课之后学生和老师便失去联系，更不用说中学时代许多学生在学习过程中还要依赖老师和家长的监督和管理。比如部分大学生对时间缺乏合理的安排，不懂得该如何有效利用时间，常把时间浪费在看韩剧、玩游戏上面，甚至达到痴迷的地步……当家长和老师的监督不复存在，大学生的学习必然大受影响。

（二）经济方面的挫折

"读高中会拖累全家，读大学要拖垮全家"，这是许多经济条件并不富裕的家庭对于读书的评价。据调查，认为自己经济条件不好并为此感到烦恼的大学生占比超过 85%，而从来不会为经济条件担忧的大学生只有 12%。许多大学生为了减轻家里的负担，会选择在空闲时间打工来赚取自己的部分学费和生活费用。

有些大学生家庭条件不好，自身经济条件较差，但受不良社会风气的影响，担心被同学瞧不起，于是出现拜金、追求名牌等行为，盲目崇拜高消费、赶时髦，最后因为负担不起，不惜借贷甚至卖身，背负起沉重的经济包袱。有的学生则因攀比不过，陷入自卑和无奈的情绪当中，无法自拔。

（三）人际交往方面的挫折

美国心理学家戴尔·卡耐基曾说："一个人事业的成功，只有 15% 是靠他的专业技术，另外 85% 却要靠人际关系和处世技巧。"人际关系不仅是衡量大学生心理健康水平的重要指标，更是教会大学生为人处世，通往成功道路上的深厚基石。大学生在人际交往方面遭遇挫折，主要原因是大学生的人际交往动机和交往形式，相对于中学发生了很大变化。

1. 人际关系深度增加

离开了紧张规律的中学环境，也离开了家乡和父母，大学生对交友的期望越发强烈，在这一时期，大学生往往期待深交所带来的认同感和归属感，对于知己的盼求热切而强烈，当这种盼求因为不被理解或标准过高而无法得到满足时，大学生便会遭遇孤独的困境。

2. 交友动机更趋复杂

大学生的交友动机比中学时更加复杂，中学时的友情更多地依附于随机条件，如同一个班或同一个宿舍的同学，自然而然发展成为朋友，而大学生的交友动机则更加丰富，包括归属动机、友情动机、社会比较动机、自我实现的动机和利益动机，等等。

交友的动机是大学生遭遇人际关系挫折的重要原因之一，究其原因，是因为这一阶段的交友动机相比于初高中，已经不再简单纯粹，而复杂的动机构成，自然与复杂的需要是否能够得到满足紧密关联，当大学生无法从交友过程中获得自己所需时，便造成了受挫的局面。

3. 自主性增强，自我为中心

随着独立人格的不断完善，大学生在人际交往过程中也逐渐具备更多的自主性，其交际形式从以前的"被动随机"向"主动接近"过渡。在这一过程中，大学生的个性逐渐在人际交往中发挥作用，但这也意味着大学生容易过多地从自己的角度出发，去处理人际关系问题。这一时期的大学生，在找到自我视角的同时，急需打开他人的视角，学会从他人的角度看待问题，否则就比较容易陷入以自我为中心的矛盾关系之中。

4. 交友方式更加丰富，但交友范围有限

移动网络的普及，推动社会各个阶层的人们实现多元化的交流，虽然现在的中学生也有手机，但受限于生活环境与学业需要，往往不能从交际的角度打开自己的人际关系网络，但这种局面随着他们进入大学，便产生了变化。

虽然在交友的范围上，绝大多数大学生都会在同校、同宿之间寻找朋友，但这一点相对于中学时代已经有了质的飞跃。另外，在交友方式上，随着交际需求的增加以及交友动机的丰富，大学生自然就要将自己的交友渠道进行拓展。只是大学生的社会阅历尚浅，自我意识与换位思考的能力尚未达到平衡，加上情绪控制能力较弱、人格不够成熟等问题，因而在更大的交友范围内，便很容易出现各种各样的人际关系矛盾或问题。

（四）情感需求丰富

大学生是心思较为单纯的群体，感情来得迅速而强烈，但是过于简单纯粹的感情，也容易在现实的考验下出现各种各样的问题。一般来说，大学生的情感问题来源主要来自三个方面。

1. 来自家庭

在一个人的身上，绝大多数的人格缺陷，都源自原生家庭，而更深层次的关联，则是源于原生家庭的亲情和教育。家庭对一个人的性格造成的影响，是烙印一般的存在，也是每一个人要实现自己命运所无法逃避的壁垒。亲情是教育的基础，没有亲情的教育，很容易演变为胁迫或压力，所以那些没有体会过家庭温暖的孩子，即使小时候受到管教且学习成绩优秀，长大后一旦脱离父母的掌控，也很可能就会释放出不自主、懒惰、放纵的天性。而一个对子女只有过度的溺爱，

但教育缺失的家庭，这样的家庭所孕育出来的孩子在长大后往往任性、自私，这是一个人被过度溺爱以致无法感觉到爱（包括爱别人与被爱的感觉）的缘故。所以，大学生在成长过程中的所有情感问题，其最终的走向和结果，都与其家庭有着密不可分的关系。大学生应该对自己的家庭关系（包括情感关系和父母对自己的教育历程等）建立一定的认知，不管自己在人际交往过程中面临着怎样的困境，也不管自己是一个自卑、极端、孤独、自闭甚至是一个压抑与绝望的人，都不要因此放弃自己，要掌控自己的人生，就一定要与家庭给自己造成的所有缺陷抗争，只有改变劣势性格，才能改变命运。

2. 来自朋友

如果一个人的人生因为一个觉悟而获得了颠覆性的改变，那么这个觉悟在很大程度上可能来自朋友的启发。朋友有很多种，知己、闺蜜、兄弟，不论哪一种朋友，都是一个人成长道路上的宝贵资源——即使这个朋友无法给自己带来一分钱的利益。

很多人会因为一时的冲动或倔强而破坏了自己与朋友之间多年的友谊，而绝大多数朋友关系的背道而驰，都并不是因为朋友之间存在着原则上无法调和的矛盾，分手往往是一时冲动。许多朋友眼中不能被宽恕的错误，也未必就能证明一个人的本质，人是复杂的，每个人都有好的一面，也有坏的一面，纯粹的好人或坏人是罕见的。大学生应该学会用辩证的眼光和思维来对待朋友关系，将每一个朋友的友谊视作自己人生道路上最珍贵的东西，学会与各种各样的朋友相处，懂得不同的相处之道，与朋友共同成长。

3. 来自异性

与异性的情感问题主要分为两种，一种是普通的摩擦与矛盾，另一种是分手。大学是恋爱的"高发期"，大学生怀着热烈的愿望与美好的憧憬展开爱情，往往会将爱情看得过于完美，本就过分的期待加上对于爱情的片面认识，很容易便与现实形成落差，一旦美梦破碎，一点小小的摩擦和矛盾，很有可能就会引起巨大的情绪反应，更不用说面对分手和诀别，无法承受痛苦的大学生便可能呈现出一些极端的认知状态。大学生对爱情的认识，要么美妙无瑕，要么心灰意冷，这些都是对爱情的错误认知所导致的。人是不完整的，所以才有了朋友，人生也是不完整的，所以才有了婚姻。大学生在处理异性关系的问题时，应求同存异，只有学会包容别人，才能被别人所包容，人生才能有进取的余地。

第二节　大学生挫折心理产生的原因

一、客观因素

（一）学习压力过大

大学生作为中学时代成绩最优秀的群体，本身就对自己的成绩排名存在着较高的预期，习惯性地认为自己应该始终在班级内名列前茅。然而，大学本身就是录取了高考成绩接近的学生，所以不论分数多高，进入大学就意味着进入一个与自己学习水平接近的学习圈子，在这个圈子里，学习成绩不再出众，几乎成为必然。但是，因为习惯于"拔尖"，许多学生总会保持对自己成绩和排名的高预期，这就给自己的学习增加了许多压力。

（二）人际关系不良

大学和中学还有一个比较大的区别，就是学生的来源分布。中学时的学生一般都来源于同一个地区，而大学的学生则来自五湖四海，后者导致学生之间的各种差异，如文化、经济状况等被放大，大学生遭遇人际关系矛盾的可能性也相应增加。此外，许多大学生也是初次面对人际关系的处理，这种人际关系与中学时代简单率真的同学情谊产生了根本性的转变，人际关系处理不善，加上大学生心智、思维的不成熟，最终很容易导致大学生人际关系不良，造成大学生在未来的人际交往中畏缩不前，无法与他人正常、融洽地相处。

人际关系的紧张无疑会给大学生带来许多生活矛盾，一旦生活频频出现问题，挫折感便随之产生。

（三）两性感情纠葛

大学生恋爱的比例很高，而几乎所有恋爱的大学生群体都会遭遇各式各样的感情问题，恋爱中发生的种种矛盾和摩擦，都会造成大学生的情感挫折，一旦处理不当，便有可能引发恶性事件。

（四）就业形势严峻

大学生的就业方式与过去发生了很大的变化，随着以前国家统一分配的就业时代一去不复返，自由市场竞争的就业模式，给用人单位和就业者带来了更多的双向选择。一方面，这种双向选择让有能力的人得到竞争优势；另一方面，这也使得就业市场的竞争压力倍增。许多大学生面临着毕业就有可能失业的威胁，心理负担大，就业压力和就业恐慌加重了学生对社会的畏惧感，而这种畏惧则使他们在这个复杂多变的社会上寸步难行。

（五）经济状况困难

大学生的经济困难不仅是学费和生活费用造成的，有许多大学生面临的已经不再是费用支出的压力，而是家庭的收入压力。因而，即使抛开学费和生活费用开支，这部分大学生仍需要给家里补贴费用，这种情况与很多来自富裕家庭的同学形成了鲜明的对比，很容易给那些处在困顿状态下的学生造成心理压力。

二、主观因素

（一）个体生理因素

生理原因主要是指个体由于生理素质、体力、外貌、某些先天不足所带来的局限和限制，导致活动失败，无法实现既定的目标。如由于身高不足而未能加入篮球队、礼仪队等。据调查，对自己的身体条件感到不满意大学生占有相当大的比例，他们往往信心不足，在人际交往等社会活动中处于劣势，这可能会给他们带来挫折感。

（二）生活环境的不适应

许多大学生第一次离开家来到一个全新的环境，一时难以顺利地完成角色转换。如水土不服、饮食不习惯、集体生活不适应、难以承受理想中的大学环境和现实之间的反差等，致使有些大学生因为生活中的一点困难或不如意，便产生挫折心理，出现孤独、苦闷、烦恼、忧愁等不良心理反应。另外，某些大学生的宗教信仰、风俗习惯得不到别人的理解，或个人的才能无从发挥，也容易产生挫折感。

（三）自我认知偏差

自我认知偏差是大学生心智尚未成熟的主要表现之一，不管是遇到挫折还是取得成功，都会导致大学生的自我评价两极化，要么自大骄傲，要么消极绝望。由于难以通过正确的自我评价积极改善自身问题，大学生比较容易错过很多提升自己的机会。

（四）人际交往不适

在大学校园这一特定环境中，大学生具有强烈的归属感，对友谊、对朋友有着热切的依恋和期望。但由于交往经验和技巧的不足，交往过程中沟通不畅、关系失调、人际冲突等现象时有发生，容易产生挫折感。

（五）动机冲突

动机冲突也是引起大学生挫折的重要原因。在生活中，人们常常会同时产生两个或两个以上的动机，但是如果这些同时并存的动机不能同时获得满足，并且在性质上又出现相互排斥的情况时，就会产生动机冲突的心理现象。一般而言，大学生的动机冲突主要有四种形式。

1. 双趋式冲突

指对个体同时存在两个具有吸引力的目标，但是两者不可兼得、难以取舍的心态。例如：大学生对于先考研还是先就业往往举棋不定，难以取舍；有的大一新生在选择选修课时发现自己最感兴趣的两门课竟是在同一时间上课，只能选择其中一门，当他不得不"忍痛割爱"时，内心充满了深深的惋惜，甚至可能体验到某种程度的挫折感。双趋式冲突是大学生中最常见的心理冲突。

2. 双避式冲突

指同时有两个对个体而言都不喜欢的事物，两种都想躲避，但受条件限制，只能避开一种，接受一种，在做抉择时内心产生矛盾和痛苦。例如，有的同学既不想用功读书，又怕考试不及格，于是出现必须选择其中一个的心理冲突。

3. 趋避式冲突

指同一目标对于个体同时具有趋近和逃避的心态，这一目标可以满足人的某些需求，但同时又会构成某些威胁，既有吸引力又有排斥力，使人陷入进退两难的心理困境。例如，大学生既想担任学生干部使自己得到实际锻炼，又怕影响学习，这是一种两难的选择。

4. 多重趋避式冲突

指同时有多个目标时，存在着多种选择，但两个目标各有所长也各有所短，使人产生左顾右盼、难以抉择的心态。例如，择业时有两家用人单位可供选择，而每个单位又利弊相当，就有可能举棋不定而陷入这种冲突。动机冲突常使大学生感到左右为难，内心极易产生激烈的冲突和焦虑不安的情绪。随着社会的发展，大学生选择的机会也越来越多，而由此带来的动机冲突也势必增加。

（六）情感问题

大学校园里发生的许多严重问题往往是由恋爱挫折引发的。与恋爱相关的问题，如单相思、失恋等都会使大学生产生心理挫折感。

第三节　如何提高大学生的挫折承受力

大学生已经适应了中学的学习环境，进入大学后，首先要面对环境变化所带来的挑战。一方面，大学生脱离了家庭的庇护，其中一部分自理能力不强的，便无法迅速适应独立的生活方式；另一方面，没有了家长和老师的监督，部分自律能力较差的大学生便在学业上有所懈怠，导致学习成绩一落千丈。大学生对于各种问题的处理能力以及对环境的适应性，将直接关系大学生的潜能发挥，要想在实现远大理想的道路上有所成功，就必须通过实践不断地磨炼自己，在提高自身知识技术水平的同时，增强自身的挫折承受力，为自己赢取更多的机遇和可能。

一、树立正确的挫折观

什么是挫折？想要提升挫折的承受能力，大学生首先要对挫折有一个客观的认识。挫折不是洪水猛兽，而是每一个人生活中的组成部分，是每一个人都必须踩过的荆棘。正确地看待挫折，挫折就是机遇，是动力，是接近成功顶峰的阶梯；对挫折没有心理准备，对挫败的结果无法接受，沉溺于沮丧和绝望的心境无法自拔，挫折不仅变得毫无价值，还会带来无尽的痛苦。此外，挫折也不会一直发生，生活中还有很多令人欣悦幸福的事，大学生应该学会转化自己的情绪，以理智面对挫折。

二、调整自我预期

自我预期过高的人比较容易遭遇挫折。一个人的自我预期不应该是一成不变的，当自己付出了很大努力，而结果仍以失败收场时，首先应该对失败的结果作出反思，而这种反思应该是双向的，即一方面思考失败的原因，另一方面思考是否目标定得过高，目标定得太高是否是自己好高骛远，或是自己低估了目标的难度……不论如何，自我预期对于成功标准的订立标准是自己。大学生在制订目标和计划的过程中，首先应该认清个人愿望与现实存在差异的事实，要对失败有心理准备，在努力实现目标的过程中，通过不断尝试和实践，对自己的个人抱负水平不断地作调整。

此外，大学生在订立目标时，应该注重将目标分化，而不是寄希望于一蹴而就。比如有的大学生将"有钱""创业""考研"等作为自己的目标，这些目标过于笼统，并没有分成若干的小目标和步骤，也就缺少具体的践行办法，如此订立目标，又何谈自我预期调整？大学生的自我预期调整，绝不仅仅是为了获得自我安慰的作用。只有将自己的目标分化成若干的小目标，由简入繁，由易渐难，大学生才能在挫折出现时清醒地审视成因败果，同时看清自己的能力上限，再结合各个目标与客观条件的关系，调整得出最适合自己节奏和客观条件的目标。

倘若大学生可以科学客观地将自我预期作为辅佐成功的工具看

待，将每一次成功和失败都看作进步的阶梯，那么，自我预期落空所带来的挫折感及其他不良影响自然会得到减轻甚至消失，自己也将能够在攸关人生成败的道路上走得更加自信从容。

三、学会心理调适

常用的自我心理调适方法有很多，如自我暗示法、放松调节法、想象脱敏法、想象调节法和呼吸调节法等。大学生在自我心理调适无法发挥作用的时候，也可主动寻求帮助，如找人倾诉、心理咨询等，这些都能够显著地化解因遭遇挫折而产生的不良情绪。

大部分长期处在挫折中的人，是因为对许多既定事实的"不接受"。对于坏的、不满意的结果，无法接受的人会对自己说："凭什么是我？"而作为一个不仅仅拥有主观视角的成熟的人来说，他往往会换一个角度来问自己："凭什么不是我？"所以，面对挫折，大学生首先应该调整自己的认知。每个人的人生都是有很多阶段的，每一个阶段，甚至每一年，每一个月，我们能接受和不能接受的东西都不是一成不变的。面对挫折，大学生要树立健全的人格和人生观，就需要辩证地看待自己的人生际遇，要知道，世间发生的一切，并不以你的意志为转移，你越是想得到的，往往想尽办法也无法得到，你一路走到最后，回顾过往，又有多少事曾经以为至关重要，现在又微不足道呢？

四、正确认识自我和评价自我

一个人的自我评价是否准确，与其自身的社会阅历和经验有着很重要的关系。大学生没有经历过艰苦生活的磨炼，加之大学生有着比常人更加强烈的成就动机，却对社会现实的竞争压力和复杂的社会环境毫无概念，难免出现自我定位过高的情况，一旦梦想进入现实，便很容易因为一时的失败而导致挫折心理的出现。

很多时候，选择大于努力，一个好的选择，胜过在错误的方向做无谓的努力，而选择得正确与否，与大学生的自我认识和自我评价有着十分重要的联系。为了扬长避短，更好地完善自我，同时也为了让自己能够在选择上结合自身的优势，实现选择的最优解，在自己的人生道路上少走弯路，最大限度地实现自我价值，大学生应学会正确地认识自我、评价自我。

此外，大学生还应根据自己的条件水平，对自己的期望和目标做出及时合理的调整。这里的自身条件水平，包括内部条件和外部条件两种：内部条件主要指自信心和自身的个性特点、知识能力水平等；外部条件则主要指家庭状况、所处环境的经济水平和经济特点、行业发展动向及国家政策等。大学生应密切关注自身及周边的条件，查知内部条件与外部条件的关联及作用关系，合理调动、整合资源，理性看待困难与失败，认识到成功与失败的原因，是所有这些条件综合作用下的结果，而不是一味地把责任推卸或归咎于自身。

五、构建成熟的心理防卫机制

每个人都有自身的心理防卫机制，且在不同性格、文化背景等个体条件下，这种防卫机制也呈现出不同的特点，这是在不同条件下建立起来的、能够帮助主体摆脱心理压力并减少精神痛苦，同时维持机体的正常情绪与心理平衡的重要的自我保护方式。总的来说，心理防卫机制有主动和被动之分。主动的心理防卫机制能够帮助个体在遭受挫折后以乐观积极的心态调整自身的心理状态，恢复心理平衡，甚至激发个体的主观能动性，帮助其建立起主动破除障碍、克服万难的决心；被动的心理防卫机制则主要表现为消极、畏难、退缩等，虽然能够缓解压力而为个体带来精神上的缓解和满足，但由于问题并未得到真正地解决，会造成问题的积累和对挫折的恐惧情绪，久而久之，比较容易发展成为心理问题。

总的来说，除非遇见不可逆转的挫折，如亲人去世等，可以通过消极的心理防卫机制来应对压力，其他主要来源的挫折和压力，大学生都应该通过主动的心理防卫机制进行化解。比如合理地宣泄情绪、找人倾诉，或在失败之后的自嘲、自我补偿、自我激励等，都属此类。大学生能否主动地调整自己的心理状态，积极运用主动的心理防御机制来帮助自己解决困难，巩固自己的心理防线，是判断大学生心理是否成熟的重要标准。

六、 建立和谐的人际关系

一个人的力量是有限的，长久以来，中学的学习生活方式相对独立自主，即使面对学业压力，中学生也始终通过自己的努力和老师的耐心引导来突破难关，但是这样的学习、生活方式，在大学时代发生了改变。大学生之间协作、互助的生活学习方式，成为大学生走向社会，从自力更生到学会团队协作的标志性过渡。因此，每一个大学生都无法摆脱自己的社会性需要，建立和谐的人际关系，自然而然地成为大学生继学习之后的最重要的能力之一。此外，和谐的人际关系对于满足大学生的情感需要，帮助大学生获得归属感、认同感，摆脱孤独等，都具有显著的意义。因此，学会与他人交往并处理各种各样的人际关系问题，是大学生为适应社会所必须接受并学习的一项重要能力。

在人际交往的过程中，大学生首先要掌握人际交往方面的常识和基本技能，比如在人际交往过程中需要遵守的基本礼仪，自身的口头表达能力等。此外，大学生还要注重自身素养的提升，在人际交往过程中，应给他人以尊重，做到真诚、友好、宽容，当交往过程中出现矛盾时，要学会站在他人的立场思考问题，而不是以自我为中心。

第四节 应对压力——大学生挫折心理案例分析

压力是每一个成年的大学生都注定面对的问题，只有理性地面对挫折、认识压力，大学生才能在冲破压力困境的同时，将压力转化成动力，将挫折转化为契机，才能够从容地释放自己的潜能，在未来的人生道路上走出新的高度。

案例1　宋某的逆境落差

海南某大学女学生宋某出生在独生子女家庭，家庭经济较为优越，作为家里的独生女，父母从小对她悉心照顾，疼爱有加。在上大学之前，宋某从未有过住校经历，而且从小到大，在班里学习成绩十分出色，一直名列前茅，这种情况一直持续到高中毕业。宋某考入大学后，由于周围环境的改变，身边一下出现了很多能力优秀的同学，宋某的学习成绩不再是出类拔萃，加上自己又在职务竞选中失利，备受打击之下，宋某便开始意志消沉，课堂上不愿听课，生活中对周围环境和同学的反应异常敏感，自身成绩也急剧下滑。

辅导员发现了宋某的异常，通过与宋某谈心得知，宋某以前一直是家庭和班级的核心，尤其是在学校里，不论班级职务还是学习成绩，在同学间都是佼佼者，而升入大学之后突然发现身边的同学藏龙卧虎，在能力和成绩上超过自己的同学更比比皆是，这让她觉得自己的地位一落千丈，觉得身边的很多同学都看不起自己，因而非常沮丧，再也提不起以前学习生活中那种认真拼搏的气势。

案例分析：

宋某不论是在家庭中还是在昔日的学校里都是被关注的中心，因此可以判断其很少经历挫折，所以对挫折的心理耐受能力较差。

对于未曾有过住宿经验的宋某而言，大学的集体生活使她受到的关注大幅减少，而大学内，学习出类拔萃的同学又多不胜数，从曾经的出类拔萃变得不再优秀，这使得宋某产生了较大的心理落差。

不难看出，宋某的情况是内外因素共同作用的结果。在两个因素的影响下，宋某依靠家庭地位和学习成绩建立起来的优越感和自信心已经受到动摇，而职务竞选失败，则对她的心理状态形成了致命打击，这直接导致了宋某在此后学习生活中的自暴自弃。

大学生作为较高级别的受教育群体，在升入大学以前，本来在各自的班级里就是学习能力和学习成绩的领跑者，因此学习成绩越好的学生，经历的失败越少，对挫折的心理耐受能力反而越差。

应试教育容易在学生受教育早期错误地制造出不正当的优越感，许多学生将学习成绩当作获得这种优越感的唯一来源，而忽视了自己在其他方面的个性与优势，所以当自己唯一仰仗的"成绩"不再出众时，许多大学生便失去了唯一的价值感，所有的自信在瞬间崩塌。

许多心智尚未成熟的大学生认为自己要么是最好的，要么就不在乎，这是心理失衡的表现。许多大学生的挫折耐受力差，甚至无法面对挫折，是因为其对周围环境缺乏认识和适应能力，大学生应该认识并接受环境的变化，积极调整自己的认知偏差。

针对宋某的问题，可以采用如下解决措施。

首先，对于宋某的心理疏导，可以帮助其全面认识自己的优势和特长，使其重建自信；其次，要帮助宋某重新认识挫折，帮助其意识到挫折给她带来的益处，引导其在遇到学习、人际关系、个人发展中的障碍、失败等挫折时，能够理性分析并科学应对挫折；最后，对于宋某的认知偏差，要帮助她重新建立对周围环境的认识、对自身能力和优势的认识。

案例2　因就业压力而自杀的洪某

洪某，男，26岁，某大学市场营销专业研三学生。某一天晚上，马上就要毕业的洪某跳楼自杀身亡，他给父母留下遗书说："儿子不孝，也无能，找不到工作……不愿意成为家里的拖累，所以选择自杀。学校和同学们对我都很好。我走后，千万别给学校添麻烦。请父母节哀顺变，待儿来世再报养育之恩。"

接到噩耗后，年过半百的老父亲含泪从老家赶到学校。他摇了摇头，叹息着对公安局办案组的同志说："洪儿今年才 26 岁，本来马上就要毕业了，全家人都盼望着他能给我们老洪家光宗耀祖，没想到他就这么狠心地去了。7 年前考上大学的时候，全家人都为他高兴。这孩子从小就很乖，学习很用功，从来就不让大人操心。他学习的时候，连句话也不愿意和我们大人说，生怕耽误他学习。"擦了擦眼泪，洪某的父亲接着说道："从上中学开始，洪儿就住校读书，由于离家较远，我和他母亲又在外面打工，他很少回家，我也很少过问孩子的学习与生活。洪儿很懂事，知道家里条件不好，他省吃俭用，连一件像样的衣服也舍不得买，我们给他几个零用钱，他都买书读了，街坊邻居都夸他是个好孩子。"说到这里，洪某的父亲泪流满面，再也说不下去了。洪某的姑姑接着说道："俺侄儿上高中时，经常到我家去，俺哥哥家庭条件不好，每到周末，他常到我家来拿点儿吃的，还常常帮他姑父下地干活。今年春节他来看我，我看他少言寡语，脸色也不好看，就问他是不是有什么烦心事儿。他只是对我说，他在大学里一切都很好，啥事儿也没有，就是快要毕业了，工作不好找，压力很大。"

在事后的调查中，警方在洪某的日记中发现，洪某在三个月前被医院诊断为抑郁症，在近 3 个月的十几篇日记中，洪某曾两次暴露出轻生的念头，只是由于对父母的牵挂，才迟迟没有痛下决心。洪某自杀的消息传遍了整个校园，同学和老师都为他感到惋惜。

案例分析：

洪某因就业压力过大，不愿再给父母增添麻烦而选择自杀，以自杀的方式去摆脱精神上的痛苦。从表面上看，案情十分清楚。他一没抱怨父母，二没抱怨学校，仅有不能报父母养育之恩的一点遗憾。但仔细分析他父亲和姑母的哭诉以及其简短的遗书，我们不难发现：洪某之所以走上不归路，自绝于亲人，自绝于社会，至少还有两个方面的因素不可忽视。其一，为供养孩子上学，父母常年在外地打工，缺乏与孩子的沟通与教育。中学期间，常到姑母家帮姑父干点儿农活，顺便弄点生活补贴，表面上看和姑母的关系很好，也被姑母看作是很懂事的孩子，但实际上这是洪某没有办法的办法。长期严重缺失的父爱母爱以及靠他人资助的生存环境，是他在内心深处产生自闭和自卑心理的重要原因。其二，大学的教育也有不可推卸的责任。假如学校对学生的心理教育和就业教育入心入脑，关怀有加，或能够及时发现学生思想的不良苗头，并及时而有效地靠上去做工作，或许这桩悲剧能够避免。

一个 26 岁的年轻生命，一个背负着家庭和社会厚望的研究生，因精神抑郁症而毅然选择了绝路，给人们留下了无限的惋惜、感慨和震惊！洪某的纵身一跳，自己得到了解脱，但给世人留下的，除了叹息和遗憾外，却是更多更深的思考。

第八章

孜孜不倦，自得其乐：
大学生快乐学习

学习是大学生的主要任务，因此，本书中阐释的所有心理难题，都与学习密不可分。大学教育的首要目的并非学习本身，而是培养大学生自主学习的能力，这种能力在大学生进入社会后的工作和生活中，乃至在大学生的整个人生里，都具有至关重要的作用。诚然，我们不能否定大学课堂对于专业知识的传播价值，但大学阶段的学习具有鲜明的自主性特点，学习的环境、方式，课程体系以及学习与生活的关系，都有别于中小学时期，所以，刚刚步入大学校园的大学生在心理上和习惯上都需要对生活学习的环境有所适应。

作为大学时期学生生活的重要主题，大学生的学习心理是否健康，将会直接影响大学生的学习成果。从大学一年级的入学适应问题，到二、三年级的人际交往问题，再到即将毕业时的社会适应、考验和就业等问题，大学生的学习不仅局限于专业知识，学习的心理问题也远远要比初高中时更加复杂。在生活学习的主题转化背景之下，大学生学习心理的健康因素，与大学生的学习内容、学习特点以及大学生自身的生理、心理特点息息相关，只有树立新的学习观，才能帮助大学生顺利度过大学四年的学习生涯，达成全面发展与健全自我的最终目标。

第一节　大学生学习心理概述

一、学习的含义

学习是一个宽泛的概念，并不局限于学生对课堂内容的学习，其在学生日常生活中的方方面面，都有着深刻的体现。比如，我们可以将对知识技能的学习归为一类，对人际交往和处理人际关系的方式方法的学习归为一类，而在自我认知等心理学领域的学习，则又是另外一类。总而言之，学习应该是具有反复练习特征的行为，学习需要以特定情境作为分类的基础，而学习的最终目的是帮助人们产生各种各样的经验。

在本书中，我们通过以下四个角度来理解学习的概念。

首先，学习是一个广义的概念，学习行为并非人类所独有，所有动物都能够学习。

其次，学习是以前人的经验或成果作为基础的。这里所说的经验或成果，并不局限于前人的总结，还包括前人总结问题的思维过程，该过程涉及个体与外界信息的相互作用，是大学生在专业知识以外需要学习的主要能力之一。

再次，学习会对学习主体造成影响，从而造成主体的变化。这种变化可能会有着立竿见影的效果，也可能产生潜移默化的影响，但不论如何，学习对学习主体造成影响是学习的必然结果。

最后，学习引起的主体变化是持久的，甚至是永久性的，这种变化有别于一般短暂的行为变化，如情绪变化、疲劳等，都不能称之为学习。

二、大学生学习的特点

（一）专业性

从报考大学的那一刻起，专业方向的选择就摆在了考生面前，被大学录取后，虽然并非一锤定音，但专业方向已经初步确定。大学学习具有高度的系统性和专业性，且学习内容随着社会的进步以及科学技术的发展，是动态发展的，即使大学生在未来离开校园，学习往往也会伴随终生，大学生只有认识到这一点，才能在以后的人生中不断进取，避免被不断推陈出新的知识内容所淹没。所以，大学生在专业学习上不应仅仅局限于对知识内容的积累，还应建立牢固的专业思想，培养积极的专业兴趣。

（二）自主性

大学教育的特点之一，是大学生在学习中具有非常高的自主性，这是学习内容的庞大纵深和各学科知识的相互牵连造成的，有限的大学课堂根本无法容纳如此巨大的知识面，因此，大学教师往往只在课堂上讲授大学生所需知识的冰山一角，其余部分则需要大学生自己进行深入理解才能逐渐掌握，这一过程将与大学四年的学习生活相伴，更有可能贯穿一生。自学能力的培养、学术思想的建立等，都需要大学生在超越过往学习方式的基础上获得，这对于大多数学生而言，是比较具有挑战性的，所以大学生应该尽快适应大学的学习节奏，学会有选择地、主动地接受知识，否则就很容易陷入不堪重负的被动局面。

（三）多样性

大学生学习的多样性主要表现在学习内容和学习途径两个方面。知识量巨大，学习选择性多，学习渠道丰富，这是大学生入学后的普遍感受。一方面，各种学术讲座、选修课程等内容，为大学生的学习带来了全新的内容和机会；另一方面，如何对这些内容按需索取则成为大学生学习过程中最为头疼的问题之一。自主学习能力强的学生往往能够为自己量身打造出各种各样的学习计划和学习方法，一千个学生便可能有一千条学习线路，这也正是大学生结合社会实践展开学习的重要特点。大学生必须学会取舍，选取对自己的专业更有帮助、对自己的能力更有提高的知识来进行学习。

（四）实用性

近年来正在进行的高等教育改革一再强调知识技能的学习与实践能力的培养同样重要。在就业难的大环境下，那种只重视学生学习具有实用价值的知识，忽视学生创造能力培养的教学模式已经逐渐被摒弃，这使得大学生明白，在大学学习阶段，不仅要学好书本知识，还必须培养将理论应用于实践的能力。

（五）探索性

大学生面对的专业知识往往是动态发展的，在专业领域，专业知识具有高层性，同时具有争议性，很多知识在专业领域并没有一个统一的标准，有的甚至是空白点，这种状况就要求大学生具备探索精神，要求大学生思考、创造，努力拓宽知识面，积极探索未知领域。

三、学习对心理健康的影响

（一）积极影响

学习能发展大学生的智力，开发大学生的潜能。一个人的智力是在不断的学习中得到有效延续的，如果不学习，即使智商再高的人也无法为社会创造更大的财富。人的一生有许多未知的潜能，这些潜能只有通过学习才能被更多地开发出来。

学习能促进大学生正向情绪的产生。大学生通过努力学习，完成一项学习任务或取得一定的成绩后，能从中发现自我价值，体会到成就感、满足感和幸福感，从而产生正向的情绪体验。对于大学生而言，在遇到挫折时，如果能够把精力用在学习上，就可以在一定程度上调节情绪反应，使自己的行为朝着积极向上的方向发展，维持健康的心理状态。

（二）消极影响

学习是一项艰苦的脑力劳动，需要消耗大量的生理、心理能量，容易造成疲劳与紧张。如果学习内容不健康，则会使一些辨别能力差的学生受到伤害；如果学习的难度过大，则会使一些学生因压力过大，没有成就体验而逐渐丧失自我效能感，引起消极情绪反应，甚至引发心理问题；如果学习方式不对，则会事倍功半，影响学习的积极性；如果不能劳逸结合，则会危害学生的身体健康。

四、心理健康状态对学习的影响

对于具备一定智力基础的大学生来说，学习动机、情绪、态度、意志、人格特征等心理因素对学习同样具有影响力，这些因素对学习活动起着动力、强化、维持、调节等方面的作用。因此，良好的心理健康状态对大学生的学习有很大的促进作用。

反之，如果心理健康状态不佳，则会不同程度地影响学习质量，甚至无法进行学习活动。如果大学生在学校人际交往方面能力很差或者学习动机消极，则会使其产生厌学情绪，这样的事例在大学校园中屡见不鲜。

五、学习与心理学的作用关系

（一）学习兴趣

学习兴趣指一个人对学习的一种积极的认知倾向与情绪状态。学生对某一学科有兴趣，就会持续地专心致志地钻研它，从而提高学习效率，否则学生只是被动地被灌输。

单调和死板的学习方式很容易将学习推向乏味、无聊的状态，只有真正地对学习内容感兴趣，才能激发大学生的学习潜能。

（二）学习动机

学习动机是引起和维持个体的学习行为以满足学习需要的心理倾向，它是推动学生学习的内部动力，在学习过程中具有重要的作用。

许多大学生在考入大学之前，其学习动机往往与（家人对自己）考入大学的憧憬和期待有关，升入大学以后，这部分学生就要重新对自己的心态进行调整。

（三）学习态度

学习态度是指学习者对待学习活动时所表现出来的情感差异，分为积极态度与消极态度两种。学习态度受学习动机的制约，是学习者在学习活动中通过获得一定的经验而习得的，学习态度是可以改变和培养的，其往往决定着学习效果。

（四）学习计划

学习计划是指对自己将要完成的学习任务进行详细的计划与安排。学习计划可分为短期计划、中期计划和长期计划。

学习计划与心理学的关系主要集中表现在计划不正确，如好高骛远，计划不能实施，如拖延、懒惰等。

（五）学习能力

在现实生活中我们发现，有人学得很快，有人却学得既慢又辛苦，原因何在？这就是一个人的学习能力的体现，是一个人完成学习任务所表现出的个性心理特征，简单来讲就是在学习中获得信息、筛选信息、应用信息、创造信息的能力。

（六）学习策略

所谓学习策略，就是学习者为了提高学习效果和效率，有目的、有意识地制定的有关学习过程的复杂方案。

学习策略与大学生的个性特征密切相关，关联方式又受到个体的思维方式制约，作用机制较为复杂。

（七）学习习惯

大学生良好的学习习惯是在学习活动中不断总结形成的，包括自主学习的习惯、规划学习的习惯、知识运用的习惯、创新思维的习惯等。

学习习惯的养成，与学习计划密不可分，后者为前者的基础，因此需要参考后者的心理机制。

（八）学习的自我评定力

学习者学习中的事倍功半现象往往是看不到自己所使用的学习方法的不足之处导致的，因此，要想获得事半功倍的学习效果，学习者就要对的自己日常学习情况有意识地进行监控和评价，并及时做出学习方式、方法的调整。

在自我检测、自我评定过程中，不仅要针对学习方法和计划本身，还要针对大学生在学习期间的心理过程进行分析，比如对学习兴趣的评定和分析，对学习心态与学习效率之间相互关系的探索，等等。

第二节　大学生常见学习心理障碍与成因

大学生是通过高考选拔出来的精英人才，在学习上有一套自己的学习方法。然而学习动机、情绪、意志、性格和认知等方法的问题和不良倾向，都有可能造成大学生学习心理问题，从而影响大学生的学习质量和效率。大学生在学业上或多或少遇到了一些问题，而这些问题也对大学生产生了很多负面的影响。那么具体来说，同学们会在学业发展中遇到哪些问题？产生这些问题的原因有哪些呢？

一、大学生常见学习心理障碍

（一）学习动机缺乏

1. 学习动机的含义

学习动机是指引发与维持学生的学习行为，并使之指向一定学业目标的一种动力倾向。

2. 学习动机的功能

（1）启动功能。启动功能即学习动机能唤起和发动学生学习基本技能或从事某种活动。学生的学习行为总是由一定的学习动机引起的。

（2）导向功能。导向功能即学习动机指导学生学习的方向，使学生朝向某一目标，换言之，在学习动机的支配下，学生的行为总是指向某一目标或对象的。

（3）维持与调节功能。维持与调节功能即学习动机能激起学生活动时坚持到底的毅力，并且能根据需要及时做出调整，使学习活动和行为始终不离所设定的目标。

（4）强化功能。强化功能即学习动机能激起学生的学习行为，使其需要达到满足，引起学生产生愉快的情绪体验，强化其已有的学习行为。

3. 学习动机的分类

由于学习动机所采取的形式及其影响的范围不同，借以实现活动的具体内容以及所起作用的持续时间也不同，因而我们可以从不同的角度和侧面对学习动机进行分类。

（1）求知性动机。求知性动机是指一种由学习活动本身引起的、力求获得知识技能的动机。心理学家认为，这种动机构成的学习情境是最有吸引力、最理想的情境。

（2）功利性动机。功利性动机是指一种与个人利益相联系的学习动机。也就是说，学习者并非为了获取知识本身而学习，而是将学习作为达到某种个人目的的手段，如获得奖励、被选为干部、显示自己等。这类学习动机虽能起作用，但往往难以持久，而且容易养成不端正的学习态度。

（3）社会性动机。社会性动机是一种间接的、与广泛的社会意义相联系的学习动机，是社会需要在学生学习上的反映。比如，学生把个人的学习和祖国的发展建设与现代化事业相联系，把个人的学习看作自己的一种社会职责等。这类学习动机直接指向学习活动的结果和社会价值，它会因认知水平和能力的发展而提高和不断深化。因此，它能在学生的学习过程中产生较持久的作用，是一种较稳定的学习动机。儿童的社会性动机有一个发展过程。在小学，广泛的社会性动机虽是儿童学习的主要动机，但真正属于社会责任性动机的部分要到高年级阶段才占有一定比例。学生一旦形成了这种社会责任性动机后，学习便可能更主动、持久。

（4）强迫性动机。强迫性动机是一种由外界的强制性因素的推动而促使人去完成某种学习任务的动机。如教学中的惩罚、责备、威胁和要求，班级和小组竞赛造成的压力，父母的要求规定等。这类动机是由外部压力产生的。由此产生的学习带有强制性、被动性，在有些情况下，甚至可能由于学生内心所产生的冲突，而引起对学习的漠不关心、厌恶等。这类动机多发生在学习目的不够明确的学生身上。

4. 学习动机对学习成绩的影响

学生的学习行为总是受一定动机所支配的。学生学习动机的种类各不相同，动机的水平也有不同。

（1）动机强度对学习的影响。在学习活动中，学习动机的增强可以引起学生的学习紧张性，调动学习的积极性与主动性，充分发挥其学习潜能，从而提高学习效率。因此，人们认为，动机强度可以促进学习。但是，动机强度的这种作用是与学习内容密切相关的。只有当学生感觉学习内容的难度适中时，其学习效率才会随着动机强度的增加而提高；当学习内容复杂、困难时，增加其动机强度易引起学生过度的紧张和焦虑，抑制思维的灵活性，反而使学习效率下降。可见，动机强度与学习内容的关系是复杂的，只有在学习内容的难易程度与学生的动机强度水平处于最佳结合状态时，其学习效率才是最佳的。

（2）焦虑情绪对学习的影响。强度过高的学习动机会引起学生的焦虑情绪。焦虑指个人对某种具有潜在威胁的情境产生的一种恐惧反应倾向。例如，当学生预计到考试不及格会丧失尊严时，会产生焦虑的反应。学习动机对学生学习成绩的影响是复杂的，它是和其他因素共同发生作用的。这些因素有智力状况、知识基础、学习方法、学习习惯和身体状况等。所以，不能简单地把学生学习的好坏全部归结为动机问题。

（二）注意力涣散

根据引起和维持注意的目的明确与否和意志努力的程度不同，注意可分为无意注意、有意注意和有意后注意。大学的学习途径十分复杂，大学生接触知识的方式也多种多样，因此，大学生在初步的学习过程中，往往得到的会是不成体系的、碎片化的知识因素，要将这些因素整合起来并充分吸收，为自身所用，大学生就需要通过有意注意和有意后注意的方式循序渐进地展开学习。

大学生在学习过程中注意力不集中，一般是指有意注意不够集中，而这种注意力涣散的现象，多发于大学的课堂学习中。有意后注意则往往建立在主观能动性推动的学习行为下，相比于被动接受知识时的枯燥无味，有意后注意往往发生在创造性学习的过程中，这时在学习中起主导作用的往往是学生的学习兴趣，如求知欲、探索欲、进取心等，这种学习行为下不易出现注意力涣散的情况。

（三）记忆障碍

记忆力是学习的重要心理条件。没有记忆力，任何学习活动都无法进行。大学学习，在某种意义上来说，仍是在学习记忆。知识具有严格的系统性，旧知识是学习新知识的基础，在学习过程中不断地复习旧知识就是为了和新知识结合起来，促进学习。大学生获得的信息，如果不能保留，也就不可能获得知识和经验，就不能形成概念进行判断和推理，没有记忆，大学生的心理活动将停留在新生儿的水平上，不可能有个体心理活动的正常发展。

记忆障碍往往表现在以下三个方面：记忆的速度、保持的时间和记忆的精度。记忆品质差的学生，往往记忆速度很慢；记忆品质好的学生，可以过目不忘。这就是速度的差异。此外，有记忆障碍的学生往往对于材料保持的时间很短，例如刚学的知识，当时记得很清楚，第二天就忘得差不多了。最后，有些学生的记忆精准性差，他们记忆材料时只能记住大概框架，细节方面很多都遗漏了或者记混了。

（四）情绪障碍

大学生在学习方面存在的情绪障碍，主要表现在情绪状态直接受学习效果的左右。顺利时自鸣得意、飘飘然，遇到挫折时唉声叹气、自暴自弃，情绪起伏很大，甚至有时难以控制。

（五）意志障碍

大学生在学习方面存在的意志障碍，主要表现是自觉性差、坚韧性差、坚持性差。有的学生学习懒散、惰性强、得过且过混日子。有的学生虽然也想好好学，下决心时信誓旦旦，可学习一遇到困难就打退堂鼓，计划常常定，但很少能真正落实。

（六）考试焦虑和考试作弊

少数大学生对考试过于紧张、担忧，导致考试焦虑。考试作弊心理也存在于大学生中，不仅学习差的学生怕不及格想作弊，有的学习比较好的学生甚至学生干部，也想作弊而获得更好的考试成绩。

二、大学生常见学习心理障碍的成因

导致大学生学习心理障碍的原因是多方面的，有客观原因，也有主观原因。从客观原因来说，主要是来自社会大环境和学校小环境的影响。当前社会上出现的经商热、出国热，对学生的学习目标、学习动机产生较大影响。有的学生急功近利，整天琢磨怎样才能挣大钱，恨不能马上弃学经商，根本没心思读书。也有的学生只对那些自认为能与将来找好工作能挣钱或出国有关的课程感兴趣，而忽视基础理论课的学习，存在着学习上的实用主义倾向。另外，一些高校仍然沿用老旧的教学管理体制，严重制约了大学生学习的积极性、主动性和创造性。课程设置、教材内容、教师课堂教学水平以及考试形式等，存在诸多弊端和缺陷，引起大学生们的不满，也影响他们的正常学习。

从主观原因来说，主要是由于大学生缺乏远大理想，没有树立正确人生观、价值观，个人本位倾向突出，从而使大学生学习目的不明确，学习动机不强烈。这是大学生存在学习心理障碍的深层原因，也是最根本的原因。学习目的、学习态度是与理想、人生观、价值观等密切相连的，或者说学习目的、学习态度是人生观、价值观在学习上的具体体现。它们对学习活动起着推动和强化的作用，是克服学习心理障碍的强大动力。

三、 学习动机不当的自我调适

（一） 学习动机不足的自我调适方法

一是正确认识学习的价值与大学的目标，重新规划学业与人生。

二是调整心态，以积极的心态对待学习，特别是学习中遇到的挫折与困难，用自身的意志战胜惰性。

三是改进学习方法，提高学习效率与学业自我效能感，提高学业的自我价值与社会价值。

（二） 学习动机过强的自我调适方法

一是正确认识自己的潜质，制定恰当的学业目标与学业期望，调整成就动机，与此同时，脚踏实地，循序渐进，不好高骛远。

二是转换表面的学习动机为深层学习动机，淡化外在奖励特别是学业成就的诱因，正确对待荣誉与学业成绩。

三是端正学习态度，树立远大理想，保持旺盛的学习热情，坚持不懈，便会取得预期效果。

四、 注意力不集中的自我调适

一是学会注意力转移，遇到生活应激事件与挫折，能够尽快从中解脱出来。

二是适当强化学习动机，保持适当的学习压力与学习焦虑，并进行积极的自我激励与自我暗示。

三是养成良好的学习习惯与生活习惯，保持旺盛的精力。

四是选择理想的学习环境，减少与学习无关的活动，并进行适当的自我监控。

五、考试焦虑的自我调适

(一)充分的复习准备

80%的人考试焦虑是由于复习准备不充分引起的,因此,牢固掌握知识是克服考试焦虑的根本途径。

(二)正确评价自我

确立恰当的学业期望,培养自信心。正确对待考试结果,不以一次成败论英雄。过于担心、焦虑不仅于事无补,还会影响水平的正常发挥。

(三)学会放松

(1)以舒适的姿势坐好,保持身体两边的平衡。

(2)用鼻子深深地、慢慢地吸气,再从口里慢慢地吐出来。

(3)想象身体各部位的放松,放松的顺序:脚、双腿、背部、颈、手心。可以放轻音乐,想象自己在轻柔的海滩上,暖暖的阳光照在身上,赤脚走在海滩上,海风轻轻吹拂,听海浪拍打海岸,将头脑放空,达到放松的目的。

(四)开展考前心理辅导

对一些敏感、焦虑、抗挫折能力差、有心理障碍的学生,在考试前进行有针对性的心理辅导以缓解其心理压力;对高度考试焦虑的学生进行集体辅导,使学生客观地认识自己,提高心理素质,增强自我心理调整能力,提高考试技巧,有效地化解外来压力,发挥出应有的水平。

六、防治考试作弊

从根本上杜绝作弊，从源头治理就是提高大学生的内在学习动机。内在学习动机不足与匮乏是大学生考试作弊的深层动因。从心理健康的角度提高大学生学习的积极性、主动性，激发其内在学习动机是防治作弊的核心手段。

切实转变教育体制与教育观念，逐步建立以教师为主导、学生为主体的教学模式，变传授知识为知识创新，强化教师的人格影响力。博学敬业、严谨求实的教师必然会对学生心灵产生巨大的震撼；与此相关，教学方法的改革、教学手段的改进，以及考试制度的相应变革势在必行。由单一的考试向考查学生综合运用知识与创造性运用知识转变，有的课程可以实行课程论文、单独考试、考查等。这包括学生个性教育的开展与完善，即不用一种固定不变的"好学生"标准衡量学生，真正将学生从沉重的考试中释放出来。

加强学风建设。良好学风对学生成才起着潜移默化的作用，营造积极向上的良好氛围，帮助学生确立正确的学习观，正确对待考试与荣誉，增强学生的自信心。学风好的班级，学生作弊的可能性就较小；反之，则大。

第三节　高效学习能力的培养与潜能激发

大学生的学习能力培养主要针对自主学习能力的培养。自主学习是学习者在确立学习目标、选择学习方法、监控学习过程、评价学习结果等方面进行的自我设计、自我管理、自我调节、自我监控、自我判断、自我评价和自我转化的主动学习过程。大学的学习更强调学生的自主性和主动性。所谓自主学习，不只包括自觉主动，还包括自己对学习方法的探索和对学习的定位。大学毕竟不同于中小学，学生学习比较自由，但自由不等于放纵，所以大学生首先要确定自己的学习目标，给自己制订学习计划，学会合理安排自己的时间，真正成为学习的主人。

一、 明确学习态度

首先，大学生要有发自内心的强烈的求知欲，正视学习中的困难和挫折，及时调整自己的消极心理，培养学习的主动性和自信心。其次，培养和发现自己的学习兴趣，坚持学习自己喜欢的学科，充分发扬自己的特长与潜能，一定能够取得令自己满意的成绩。

二、 激发学习兴趣

兴趣是大学生主动学习动机的重要来源。兴趣可以激发大学生的求知欲，主动制订学习计划，思考学习方法，而且有兴趣的学习过程本身就是一个良好体验的过程，学习的成果会转变为成就感。此外，学习兴趣能使大学生的思维处于高度激活状态，而活跃的思维对于学习的促进作用又是不言而喻的。

三、 树立学习理念

自主学习以张扬学生个性为宗旨，以促进学生更积极、更主动地学习为目标，是学生"自我导向、自我激励、自我监控"的学习方式。其核心在于自主，突出表现在学习过程中，学生自己确立学习目标，自己决定怎么学，自主选择解决问题的策略等。自主学习是当今教育研究的一个重要主题。自主学习被视为一种重要的教学方法，培养学生的自主学习能力被作为一项重要的课程目标。自主学习也被看成一种有效的学习方式，不仅有利于提高学生的在校学习成绩，而且会成为其终身学习和毕生发展的基础。

四、探索学习方法

探索出一套最有效的适合自己的学习方法非常重要。对不同的课程应当根据自己的学习特点，各个击破。文科注重思维的灵活性和形象的感知表达；理科注重概念的清晰，思维的缜密，技巧的熟练。大学生要在实践中确定最适合自己的学习方法，只有适合的才是最好的。

五、拓展学习途径

大学学习具有知识面广、信息量大等特点，仅仅从大学课堂获取专业知识的方式并不足以满足大学生的学习需求，因此，大学生必须学会通过多种渠道获取自己所需的知识信息。

第四节 天生我才——大学生学习障碍案例分析

"玉不琢，不成器；人不学，不知义。"联合国 21 世纪教育委员会把"学会求知"列为 21 世纪教育四大支柱之一。在当今社会，终身学习的理念已经成为适应当代教育及社会需求的主流方向，在此背景下，作为以学习为主要任务的当代大学生更应该夯实基础，对学习的方式方法乃至于自身学习的理念有所创见。但是在当下，许多一路披荆斩棘、历尽千辛万苦才考入大学殿堂的学生却厌倦了学习，不仅没有在崭新的学习道路上有所开拓，甚至比之过去仍有所不及，认为考入大学从此就可以高枕无忧，因而将学习抛诸脑后，开始了玩乐享受，这就造成有的大学生高中时代学习成绩优异，升入大学，学业水平反而一落千丈的后果。

案例1 我的学习出了什么问题?

小燕,大一学生。通过刻苦努力考上了某大学历史系。上了大学后,她信心十足,决心把功课学好。于是,她上课认真听讲,仔细记笔记,下课还要和同学对笔记,把自己没记全的地方补上,课下她抓紧一切时间,阅读老师布置的教材和参考书。早晨,她总是第一个进教室,晚上最后一个回寝室,抓紧一切时间用来学习功课。临近期末考试时,她继续采用中学时的机械强记方法来复习功课,可考试的内容量多,而理论又高深,所以她更加用功记忆,白天她最少背9个小时,多则12个小时,甚至熄灯后还背上3个小时。可是却越背越没有信心,只觉得脑袋像一锅糨糊,刚背完的内容闭上眼睛就忘了。考试的时候,她觉得自己背的内容都回忆不起来了,结果全考砸了,只勉强及格。面对考试成绩,她觉得笨鸟先飞的方法不灵了。想着自己这学期四门课程考试才勉强应付,以后更多的课程、过级考试、考研,自己该怎么才能顺利通过。为此,她陷入了深深的痛苦中。

案例分析:

大学与中学阶段不同,从学习环境、学习内容到学习方式、方法,都与中学有了很大的区别,大学学习有着很强的目的性、自主性与选择性。因此,一名大学生,要洞察到大学学习环境和学习要求的变化,做好转变角色、适应新的学习生活的心理准备,掌握各种学习策略。大学生的学习任务相当繁重,而用于理论学习的时间相对较短,课堂教学基本上是"师傅领进门,修行在个人",所以想要完成学习任务,必须靠自己的认真努力,将课余时间充分利用起来。只是究竟什么样的学习方法才是有效的?学习过程中难免会出现疲劳、倦怠甚至颓废状态,那我们该如何应对呢?这些需要大学生对大学学习有正确的认识。

案例2　不知所措的学生

孙某是大一女生，开学已经两个月了，可是她很难适应大学的学习方式。她觉得和高中从早到晚的课时安排相比，大学里的上课时间特别分散，课余时间多，可是自己又不知道该干什么，时间就不知不觉溜走了。上课时老师常讲课本上没有的知识，来不及记笔记甚至听不懂，作业也都是做论文和设计，她不知道怎么做，觉得难度很大，学习成绩总上不去，尤其高数和制图课，她总是学不好。她觉得过去在高中时，只要自己上课认真听讲，做好笔记，课后好好复习，学习成绩总是不错的，哪怕有不会的，还可以找老师请教。可是现在下课后，不知道上哪去找老师请教，只能自己去学，又不知道怎么学好，她感觉高中的学习方法到大学都不管用了。为此，她很焦虑、苦恼，担心这样下去期末考试会挂科，她希望老师能给她一些指导。

案例分析：

像孙某这样的情况在不少大学生的身上都出现过，只是有的比较严重，有的比较轻。大学和中学的学习不论在内容上、形式上还是在结果评价上都有着显著的不同，这也使得大学的学习方法和中学也有明显的区别。但是有些学生对此认识不足，如：有些学生认为自己天资聪颖，不用去讲究什么学习方法；有的学生由于学习的动力不足，学习就更谈不上什么方法了；有的学生由于学习的意志薄弱，在学习上懒散放任，因而也不讲什么方法。虽然这些学生不讲学习方法，但学习方法是客观存在的，因此对于大学生而言，如何根据大学的学习特点采用有效的学习方法，是提高学习效率的关键。

与中学阶段不同，大学学习有着很强的目的性、自主性与选择性，它不单纯是为了学习而学习，而是为了兴趣而学习，是为了未来而学习，为了成长而学习。更为重要的是，大学时期是每位学子记忆力、动作反应速度最佳的黄金时期。学习，不仅是大学生未来事业的基础，更是其成长历程的关键。

案例3 60分就行

铃木镇一（1898～1998）是世界著名的"才能教育研究会"的创始人。他主张通过儿童早年良好的音乐教育，培养个性优雅、才能卓越、全面发展的新一代青年。他的教育理念引发了世界范围的教育革命。

铃木镇一的教育理念与儿时受到的教育有着很大的关系，在铃木还是小学生的时候，日本的升学竞争就已经非常激烈了，所有的家长都只是关心孩子的学习成绩。可是铃木的爸爸却从来不要求他必须取得多高的分数。他总是对铃木说："我不对你要求太高，只是你每门功课考60分就行了。"

"爸爸，60分怎么可以呢？"儿子十分不解。因受到其他同学和当时学校的普遍认知的影响，他认为学习就一定要取得好的成绩才行，这让当时处在小学阶段的他，便感到巨大的压力。

"60分怎么不可以呢？"爸爸反问他，"60分就代表及格了，及格就表示合格了呀。你想啊，工厂的产品合格就可以出厂了。既然你已经合格了，我的孩子，你就没有必要再在这些方面浪费你的精力了。考了第二名还非要考第一名，考了90多分还非要争100分，考了一次100分就非要次次都考100分。我的孩子啊，求知是人世间最大的欢乐，倘若你总是把精力放在考试的分数上，求知不就变成一种无尽的苦难了吗？"

铃木的父亲将求学的最高境界一语道破，即培养孩子的求知欲。

听了爸爸的话，铃木一下子感觉轻松了很多，兴奋起来。可是又感觉有些不妥，便忍不住问道："不对啊，爸爸，如果这样学习就太轻松了，那么空闲的时间该做什么呢？"

"至于其他的时间嘛，你就牢记爸爸的话吧：其他时间用来博览群书，把求知的欢乐还给自己。"

爸爸的话像烙印一般深深地印在了铃木的心里。从此，铃木便按照父亲的教导，不再把全部的精力花在做功课上了。虽然学习成绩始终保持中等，但他却把剩下的时间都用在了课外阅读上，因此，他读过的课外书是全班其他同学的十几倍，并且从中体验到了其他同学都没有体验过的学习的愉悦。

案例分析：

大学学习的课程众多、内容多元、范围广泛。一般来说，大学里所开设的课程分为公共必修、公共选修、专业必修和专业选修课程。四年大学下来所要学习的课程在 40 门以上。如此多的学习内容决定了大学生不可能再像中学那样通过对课堂内容的死记硬背或者题海战术来满足学业需求。大学生应该根据自己的职业规划和未来需求，有所侧重、有所选择地进行学习，既不局限于课堂，又不用执着于全科全能，与其面面俱到，不如重点突破，只有集中全力在一个方向上——尤其是自己擅长和喜爱的方向上——取得巨大优势，才可能在未来的工作中获得核心竞争力，从激烈的竞争环境里脱颖而出。

案例4　学习动机过强的李某

李某是一个成绩中等的大学生，从考入大学的第一天起，他就以考研作为自己的首要目标，为此，大学四年里他一直拼命学习，每天学习 12 个小时以上，到了大四，甚至经常不眠不休，连续学习 18 个小时以上。大学四年的生活中，李某为了学习，放弃了一切娱乐活动与人际关系往来，可是经过四年的努力，李某最终却没有通过研究生考试。备受打击之下，他变得一蹶不振，认为自己智力低下，从此开始自暴自弃。

在一次与李某的交流，班级辅导员得知了李某的困境，于是展开了一番交流。

李某：我付出了这么多努力，却还是考研失败，我一定是智力有问题。

老师：你考入大学之前，有没有想过自己的智商有问题呢？

李某：高中的时候，我的成绩一直是前几名。

老师微微一笑，不置可否。

李某：可是我明明付出了那么多努力，最后却失败了，这究竟是什么道理呢？

老师：你觉得只要努力，就一定会成功吗？

李某：那是当然了！

老师：不管条件如何，也不管你的学习方法如何，只要努力就会成功吗？

李某陷入沉默。

老师：你的同学中也只有你一个人在努力学习吗？

李某：不是，虽然他们都很努力，但我是最努力的那个。

老师：那么那些努力的同学是否都考得很好呢？

李某：也不全是，但我觉得我应该考得上。

老师：别人都可以考试失败，而你不能？

李某：也不能这样说。

老师：每个人都有可能成功，也有可能失败，是吗？

李某：是。

案例分析：

一个学生的学习动机过强时，学习效率就会与学习时间成反比。实验表明，分散、有规律的学习方式，在学习的效果表现上远远超过长时间、高强度、高密度的学习方式。大学生面对知识的海洋，想要凭借一己之力将所有知识收入囊中是不切实际的。在前述案例中，李某将学习当作一个强烈的执念，仅以考研作为学习的唯一目标，这势必会导致他陷入一种异常的学习心理，而从他无法接受考试失败的结果来看，这正是他无法取得合理成绩的原因所在。

大学生在学习过程中应该注重素质的提高，而不是单方面地摄入专业知识，应注重学习层次的提高，而不是一味追求考试成绩的高低，只有正确认识自己的特点和潜能，量力而行，才能制订出高效合理的学习计划。追求卓越，成功自然水到渠成。

第九章

生若朝霞，学会珍惜：
大学生生命教育

　　生命虽然短暂，但也多姿多彩。有云淡风轻的惬意，也有狼狈不堪的窘迫；有温馨浪漫的欢乐，也有刻骨铭心的苦痛……冰心老人认为，生命像向东流的一江春水，像一棵小树。每个人的生命都只有一次，它是如此的有限，如此的珍贵，我们都要珍惜。

第一节　生命的内涵界定与特性

一、生命的内涵

　　什么是"生命"？有人认为生命的意义在于"灵魂"，有人认为生命的意义是遗传与存续，也有人认为，生命是具有新陈代谢功能的蛋白体……千百年来，人类从不同层面上对于生命意义的探索从未停歇，但不论如何，生命的意义一定根植于"存在"之中。

（一）自然生命

　　自然生命关注于生命的存活与存续。任何人也不可能脱离自然规律来看待和认识生命，而自然规律中，生命的基本特征就是存在。生命的存在又需要两种方式来维持，即存活与存续，而存活与存续又进一步演化出人的生理需求，如食欲、性欲等。自然生命是社会生命、精神生命、价值生命得以存在的基础。

（二）社会生命

社会生命是以人的社会属性为前提的，其强调了一个人对于所在社会的作用价值。

人的社会属性决定了人的生命离不开社会生活和社会交往，人是社会的人。社会生命强调个体对社会的影响力以及影响范围的大小，而制约社会影响的因素，则有个体的社会角色、社会关系、社会贡献等。

在人类社会高度发达的今天，人与人通过社会关系连接在一起，人从一出生就成为社会群体中的一员，人们也是通过各种社会关系，吸收各种信息，传达各种信息，实现个人理想，传递各种情感，展现个人才能，在社会这个大家庭中实现人生价值。

（三）精神生命

精神生命是人的思想和精神的存在，它坚定地撑起了生命。人的精神生命是个体完美人格的基础，在精神人格中，真、善、美、利四者是统一的。"真"注重的是人的科学精神，即合规律性；"善"注重的是人的道德精神，体现着精神生命的伦理观，即合目的性；"美"注重的是人的审美精神，体现着精神生命美学观，即生命感受性；"利"注重的是人的价值精神，体现着精神生命的价值观，即生命的价值性。

人是有意识的，人不仅仅是自然的生存体，更表现出一种精神，人对理想、感情、道德、信仰、价值都有追求。生命是有限的、短暂的，但生命表现出的精神特质却可以无限，所以人意识到自然生命的有限，才不断追求精神生命的无限，用精神生命的无限来弥补自然生命的有限，以无限超越有限。

（四）价值生命

价值指事物的用途和积极意义。西方哲学家认为价值就是有意义。价值生命反映了人在社会实践中的关系，这种关系就是生命的存在及其属性，以满足人的全面发展与社会的全面进步为目的而呈现的一种肯定的意义关系。

生命的存在是一种价值性存在，因为只有人能够有意识地主宰和驾驭自己的生命活动去实现自己的意志和理想，进而将有限生命引向无限世界，赋予生命更深的含义。

人的生命在其自然性基础上，存在着社会生命、精神生命，社会生命、精神生命的高级表现必然是价值生命。

二、生命的特性

（一）生命的独特性

每个人的生命都是相似的，因为都要经历从出生到死亡的过程。但是，每个人的生命又是独特的，因为每个人的生活经历和生命体验几乎都是独一无二的。在时间和空间的纵横扩展中，每个人都以其独立的个性存在着。正如世界上没有两片相同的树叶一样，世界上也没有两个完全相同的人，即使是孪生兄弟，有相同的基因，后天生活、环境、教育和实践活动的不同，也使人有不同的发展，形成不同的个性。

（二）生命的不可逆性

人的生命是一个不可逆转的过程。从胚胎起，生命便一直生长、发育，以至死亡。它绝不会"倒行逆施"，这是由客观规律决定的。

（三）生命的创造性

人的生命具有开放性和不确定性，大自然没有做出关于他（她）的最后决定，而是在某种程度上让他（她）成为不确定的东西。因此，人必须独自地完善自己。面对这种不确定性，人的生活道路只能由每个人自己去筹划、选择、确立，人正是通过自主创造的活动，促成了自我的发展。所以，人的生命是自己创造的，因而也是自由的。生命的意义在于创造，人应珍惜生命，赋予生命以创造性。

（四）生命的超越性

生命是有限的，但人的追求是无限的；生命是现实的，而人要在对未来的追求中否定现实。人正是在这种自我的否定中实现着生命的超越。人渴望超越，也必须超越。超越人的肉身，超越生命的有限性，超越现实的存在，生命正是在超越中实现着价值的不断跃迁和提升，不断地走向新的解放，生成新的自我。因此，超越性是人的生命的独特本质。德国哲学家马克思·舍勒指出，人是超越的意向和姿态。

三、生命的意义

人与动物最大的不同在于人会寻找生命的意义，如人会问"为什么""我是谁""我的生命有何价值""人生的意义是什么"等问题。

毕淑敏说："也许人生本没有意义，只是这个世界因为我们的到来变得更加美好一点，这就是我们的意义所在。"正因为如此，我们不难看出生命的意义其实是我们自身所赋予的。正如赫塞所说："生命究竟有没有意义，并非我的责任，但是怎样安排此生却是我的责任。"所以，人生最珍贵的宝藏是自己，人生最大的事业是经营自己，人生最大的价值与生命意义就在于追求不断地自我发展与自我成长。

生命的意义对个人至关重要，它是健康和幸福不可或缺的元素。青年人的生命意义越高，则越可能选择积极的应对方式，其自我效能感也越高，越少出现人际关系与社会适应问题。如果生活缺乏意义，人们就会产生空虚感，不能感受到生命的价值。很多心理问题都源自生活缺乏意义，如抑郁、攻击，以及对权力、金钱的过分追求，甚至自杀等。生命意义缺乏的人面对压力时会倾向于选择放弃努力，产生无助感，甚至产生极端行为。

具体而言，生命的意义在于以下几点。

第一，生命的意义在于多姿多彩的情感体验。爱、恨、情、仇、喜、怒、哀、乐，每一样体验都是生命的灿烂光环，每一种情感都会让生命多姿多彩。从这个角度来说，生命的意义就是你的每一次微笑、每一次烦恼、每一次伤心、每一次快乐。

第二，生命的意义就是活在当下，就是把握现在。"花开堪折直须折，莫待无花空折枝"，不恐惧未来，不后悔过去，珍惜当下的每一分、每一秒，享受当下的每一次灿烂，体会当下的每一次痛苦。活好当下，是对生命的最高赞礼，是对生命的崇高敬意，也只有当下，才能真切地体会到生命的存在、生命的价值和生命的意义。过去的是时间，不是生命；未来的是梦境，也不是生命。只有当下才是生命的起点和归宿，是生命的本源，是真真切切的生命。

第三，生命的意义就是活着去创造意义，去赋予其意义。

生命本是一张白纸，而我们就是这张白纸的主人。我们在这张白纸上涂画了什么，生命就拥有了什么样的意义。自从我们来到人世间，结局早已注定。从开始到结束的人生之旅中，这个过程怎么样，取决于我们自己的选择。我们追求幸福，生命的意义就在于幸福；我们向往成功，生命的意义就在于成功；我们渴望家庭美满，生命的意义就在于亲情；……

第二节 大学生生命教育的意义和原则

大学时期是生命的转折点。人们普遍认为，大学生文化道德素质较高，他们应该是充满信心和活力的。但是，不容乐观的情况是，当前高校中学生自杀以及相关的心理危机恶性事件层出不穷，这表明高校在预防学生心理危机方面的工作并不如我们所期望的那么有成效。也正因为如此，高校应当开设大学生生命教育课程，以教会大学生关注生命、关爱他人。

一、大学生生命教育的意义

大学生生命教育是大学生身心健康成长的有效保障，也为大学生的成长、成才奠定了基础，让大学生学会认知生命，实现自我人生价值和意义。

（一）构建社会主义和谐社会的客观需要

近年来，大学生生命意识淡薄的现象日趋严峻，这与当前我国构建社会主义和谐社会的要求形成了极大的反差。因此，对大学生开展生命教育正在成为现在乃至将来高等教育的一个重要课题。泰戈尔说过："教育的目的应当是向人类传送生命的气息。"对大学生开展生命教育，是教育学生理解生命的真正意义，将自己的生命融入社会之中，树立起积极健康、乐观进取的生命价值观，并且能够与他人、社会、自然建立良好的互动关系，不断地提升生命质量。

（二）回归教育本质的需要

教育的本质是回归人，其根本目的在于完善受教育者的人格，即塑造受教育者的健全人格，促使受教育者健康成长，引导受教育者正确对待逆境和挫折，使之不断地趋于完美。传统的应试教育存在着许多弊端，例如，重知识的传授而轻能力的培养、重人格的教育而轻人格的养成，这些结果与教育的本质是相违背的。

因此，现代教育要革除应试教育中的弊端，不能仅仅只着眼于智力开发，而应促进大学生全面发展。现代教育要培养大学生珍惜生命、培养大学生理解生命的意识，并帮助他们提升生命的质量。一个人的生命质量与其人格是息息相关的，健全的人格是其全面发展的基础。因此，只有重视大学生生命教育，充分发挥教育的功能，回归教育本质，才能促进大学生的全面发展。

（三）引导大学生珍惜生命、热爱生命的需要

生命对于每个人都只有一次，它不因贫富贵贱而有区别，生命弥足珍贵。大学生既要珍惜肉体的生命，又要珍惜精神的生命；既要珍惜生命的结果，又要珍惜生命的过程；既要珍惜人类自身的生命，又要珍惜世界万物生灵的生命。珍惜生命不仅需要大学生尽可能多地学会应对各种突发事件的技巧，而且更为重要的是需要他们具有珍惜生命的智慧和信念。

（四）引导大学生敬畏生命、尊重生命的需要

敬畏生命、尊重生命就是敬畏和尊重生命的价值，因为它是一切价值判断的前提和基础。就个体而言，生命的丧失就意味着一切的终结。人对生命的关注，其终极指向便是个体生命的价值。英雄之所以被世人尊崇，是因为他们在自己生命的历程中创造了超出凡人的人生价值。开展大学生生命教育，就是引导大学生敬畏生命、尊重生命，在自己的生命历程中为国家、社会和他人创造出更多的生命价值。

（五）大学生健康成长、成才的需要

一个和谐的个体生命，是身心健康的统一体。大学生是社会主义

现代化的建设者和接班人，是家庭、社会和国家的未来。大学生如果不懂得生命的可贵，身心不健康，将会给国家、社会和家庭带来不可估量的损失。大学生正处在人生观、价值观形成的关键时期，又面临学习、生活、就业、情感等多方面的压力，如果对生命缺乏正确的理解，就容易以消极或极端的方式对待自己或他人的生命。

二、 大学生生命教育的基本原则

在开展大学生生命教育时，要确保收到良好的教育效果，而且必须要遵循一定的原则。

（一） 差异性原则

大学生生命教育的对象是大学生，而大学生在经济背景、家庭环境、身心发展、知识基础、学习技能、人际关系处理能力等方面存在较大差异，因此高校在开展大学生生命教育时，必须在遵循总体框架结构的前提下，针对大学生的实际情况，选择有针对性的生命教育内容。此外，各个高校的具体发展情况以及高校所在地区的经济发展状况，也要求大学生生命教育必须遵循差异性原则。

（二） 情感性原则

大学生生命教育的情感性原则，主要包括以下三方面内容。

（1）高校在开展大学生生命教育时，由于所面对的是鲜活的个体，因而既要关注生命外在的显现，也要关注大学生内在的情感需求，教育和引导大学生有效发展积极情感，及时宣泄不良情感。

（2）高校在开展大学生生命教育时，要引导大学生与教师进行积极的情感交流，使大学生切实意识到教师对他们的热爱与期望。这对大学生在遇到各种问题时积极寻求教师的帮助，有着重要的推动作用。

（3）高校在开展大学生生命教育时，要积极培养大学生丰富的生命情感，引导大学生树立正确的情感观，获得情感体验，养成健康的情感意识。

（三）超越性原则

大学生生命教育的超越性原则指的是高校在开展大学生生命教育时，要积极唤醒大学生的超越性意识，引导大学生追求生命的价值，实现自我的超越，提升生命的意义。也就是说，在大学生生命教育过程中，要让大学生在认可自己的存在、认识生命具有不稳定性的前提下，积极追求、实现自己生命存在的价值。超越性原则就是要求注意引导大学生在日常生活中积极思考，不断反思自己的不足，明确自己的人生目标和发展方向，从中体会自己存在的价值与意义，实现自我超越，创造生命价值。

第三节 大学生心理危机的觉察与干预

一、什么是心理危机

心理危机是指人在遭遇重大困难时，自身无法在心理上对其造成的精神影响予以排解，个体所呈现的负面的心理状态。一般来说，心理危机是以心理平衡被打破为前提的，心理危机所导致的结果，可以表现为行为反常，生活状态改变，焦虑、绝望、麻木等状态的持续，以及这一切反常状态所导致的思维和行为的混乱。

导致心理危机出现的根本原因在个体意识，而非触发个体意识的事件，进一步来说，心理危机是个体意识对刺激事件的反应结果。

正常情况下，强烈的负性情绪反应，持续时间不会超过 8 周，超过这一时间，即可判定个体已经处于不同程度的心理危机状态下，需要一定的心理危机干预或调节才能保证个体的心理、生理健康，更重要的是保证个体的认知和行为不会出现异常反应或偏差。

心理危机的生理反应包括：食欲下降、呕吐、腹泻、失眠、多梦、精神不振，持久性的情绪低迷等。

情绪方面的反应则不易被察觉，包括：焦虑、恐惧、抑郁、悲伤、多疑、沮丧、绝望、孤独和过分敏感、过分警觉等。

在认知方面，心理危机的个体主要表现为：否定自己，悲观，效能降低，健忘，觉得被抛弃、被针对等。

行为方面的表现则较为明显，有：孤僻，自闭，害怕或讨厌见人，洁癖，暴饮暴食，自责、自残甚至自杀等。

心理学研究发现，正常的、良性的危机反应，在人的身上通常呈现四个典型阶段。第一个阶段为"冲击期"，处在这一阶段的当事人往往还没有从刺激事件所带来的极端情绪中平复过来，如震惊、恐惧和不知所措等。第二个阶段为"防御期"，这一阶段下，个体的极端情绪和认知偏差正在被纠正，心理上的平衡也正缓缓得到恢复。第三阶段为"解决期"，这一阶段，恢复冷静的个体已经从紊乱的精神状态下彻底平复，接受了现实，并通过各种途径寻求解决问题的办法，因负性情绪而受到压抑的正面情绪——如自信心等开始逐渐恢复。第四个阶段为"成长期"，这时通过前面三个阶段带来的考验，经历过危机的个体变得更加成熟、更加镇定，也更加自信。

二、心理危机的主要干预方式

心理危机既是"危机"，也是"契机"。在对大学生的心理健康教育过程中，教师应该清醒地认识到心理危机可能带来的所有后果，并针对学生表现出来的各种状态，对处在危机状态下的学生有准确的评估，只有这样，才能避免心理危机带来不可逆转的不良后果。在避免恶性事件发生的同时，应因势利导，将心理危机作为诱导大学生提升自己、完善自身人格的成长机遇。

具体来说，最有可能在第一时间意识到学生发生心理危机的人，首先应该是负责班务工作的辅导员或班主任，这也是在学生没有主动寻求心理咨询或帮助的前提下，唯一可能预知到学生的心理危机状态并及时做出应对的校方人员。基于此，大学的相关人员不仅需要具备相应的知识和敏锐的洞察能力，还应该走进学生的生活，在日常生活中主动亲近学生。在了解到学生的心理危机状态后，相关教师首先要防止学生出现过激行为，如控制冲突、平息事态等，避免不可挽回的恶性事件发生，给自己进一步地介入争取机会和时间。在局面稳定之后，辅导人员或班主任应该力所能及地为那些处在困境或挫折之中的学生提供实质性的帮助，让学生感受到关爱和温暖，然后利用外部资源，如心理医生等，对学生进行心理危机干预。

心理危机干预的具体措施有以下几个方面。

第一，学校要利用心理辅导讲座、心理活动课、班会等多种途径，加强对学生心理承受力和抗挫折能力的培养，提高学生面对危机时的心理应对能力，使学生初步形成一套心理自助机制。

第二，辅导员、班主任及任课教师要努力提高自身心理健康水平，同时在平日的教育教学中要细心观察，密切注意学生的心理状态，及早、及时发现处于心理危机中的学生，并将有关情况及时与心理辅导教师沟通，协商解决办法。

第三，学生家长在家庭中要注意创建良好的家庭心理氛围，关注子女的心理健康，出现异常情况及时与学校进行沟通。

第四，心理辅导教师要对主动来访或班主任、家长推荐来的处于心理危机状态的学生及时采取辅导干预，紧急特殊情况必须及时告知学校和家长。当学生问题较为严重，学校无力解决时，要及时推荐给上一级社会心理辅导机构，同时要密切关注学生的相关情况，以协助其顺利度过危机。

第五，学校要建立大学生心理危机干预机制，发现危机学生及时启动危机干预系统，及时提供心理援助，帮助学生顺利度过危机。

第四节 走出阴霾——大学生心理危机案例分析

大学生心理健康教育是高校思想政治工作的重要内容。各大高校应严格按照教育部党组印发的《高等学校心理健康教育指导纲要》要求，坚持育心与育德相统一，加强大学生人文关怀和心理疏导，规范发展心理健康教育与咨询服务，更好地适应和满足学生心理健康教育服务需求，扎实推动心理育人工作落到实处。

案例1 因家庭压力而走上绝路的小梅

小梅来自农村，曾就读于某大学。小梅家庭较贫困，父母亲是农民，靠在外打零工谋生。该生家庭为组合家庭，父母在40多岁才有了小梅，对其十分偏爱，期望值非常高。正因为如此，小梅的同父异母的兄长与家庭断绝了关系。该生成绩在班上名列前茅，但大三上学期有一门课程考试没发挥好，同时在是否考研问题上，小梅受父母亲的不同意见影响而犹豫不决。母亲支持其继续读书，但父亲要求其参加工作以减轻家庭压力，加上较复杂的感情恋爱经历，小梅觉得自己无法面对现实的压力，于是写下了遗书决定结束生命。

案例分析：

小梅面临多方面的压力，首先父亲的过高期望，以及自己哥哥与家里断绝关系给小梅带来了家庭方面的痛苦。其次，大三的小梅面临毕业选择，在继续深造还是选择就业上承受了很大的压力，一份需要自己作出选择去面对的压力，另一份来自家里父母的压力。最后由于感情生活不顺利，进一步产生了情感压力。多方面的压力源导致小梅产生了自杀念头，面临生命危险。

面对自身危险的想法，大学生可参考以下建议。

第一，自杀的念头或许在许多人的头脑中都闪现过，但大多数的自杀行为都是有时限的，都是基于当事人的某种混乱的思虑和极其矛盾的心理。想要自杀的人都是试图从自己的问题中解脱出来，如果能找到另外的解决方法，就能化解自杀的危机。对于大学生而言，应首先认识到这一点。其次，大学生们应该明白一个道理：自杀不是一个人的事情，而是关系亲友和周围其他人以至整个社会的事情。自杀不仅不能终结痛苦，反而会转化成给他人的另一种全新的精神痛苦。因此，大学生应时刻保持理性思考，学会客观分析事物，学会站在他人的角度考虑问题。

第二，在我国，大多数高校都设有向大学生免费开放的心理辅导中心，同学们在日常生活中如果遇到如学习、恋爱、人际关系等方面的问题时，可以到学校心理辅导中心去获得心理咨询老师的帮助，向老师倾诉自己的苦闷，排解抑郁、焦虑、恐惧等心理问题，从而防止自杀事件的发生。针对自杀行为的防治，一些城市或学校还建立了危机干预或自杀预防中心，遇到这方面的困扰时，可以及时与这些组织取得联系，通过他们获得一些帮助。对于学校而言，面对越来越多的大学生自杀事件，应及时、积极地采取防治措施，以教育为主，帮助学生排解生活和学习中遇到的困难；对于大学生而言，应提高自身素质，加强认识，反思生命的可贵，进而珍惜生命。

案例2　患抑郁症的小王

小王由于在一年前和舍友发生矛盾，从而出现持续性的低落情绪。在那之后，小王变得不愿与人交流，从前的兴趣爱好也不愿意去做，总是闷闷不乐，做什么事情都提不起兴趣。他上课的时候没有办法集中注意力，导致成绩也一落千丈，晚上入睡困难，夜里多梦，睡眠质量差，自觉委屈，胃胀，越来越觉得活着没意思，有时会声嘶力竭的哭泣，有时还会撕扯自己的头发，甚至拿美工刀割伤自己的手腕。

于是小王前往医院就诊，医院诊断为抑郁发作，服药后有所好转。之后小王再次病情复发，出现情绪低落，时常哭泣流泪，在给家人打电话的过程中，家人发现病情加重，于是四处联系咨询师为小王进行心理咨询辅导。

案例分析：

根据相关调查数据显示，近些年来，大学生抑郁症发病率逐年攀升，世界卫生组织报告曾指出，1/4 的中国大学生承认有过抑郁症状。因抑郁症自杀死亡已经成为 15 岁至 29 岁人群的第二大死因。毫无缘由的情绪低落，日常的"丧"情绪，一点一点累加起来可能就是抑郁情绪。

心理专家通过对多位大学生自杀案件的调查后，发现几乎每位自杀者都有程度不等的人格障碍和情绪失调，这两个因素是导致他们走上自杀道路的首要因素。与社会上的一般青年相比，大学生的自我意识非常强烈，富有理想和抱负，憧憬未来。心理上的需求也相对较多，包括实现自身价值、受人尊重、爱情和审美等。除生理上的发育成熟与文化知识技能的提高以外，大学生在成长过程中，需要完成的是个体角色的定位以及独立性的形成。

同时，当今的大学生面临着社会变革、市场经济迅猛发展的社会环境，他们对自我的期望值也不时地受到大的社会环境变化的影响，加上自身生理和心理不成熟，使得他们的心理适应能力面临巨大的挑战。这些特殊的心理特点使得他们在现实生活中更容易产生各种心理上的反差，导致各种心理挫折因而更易走上自杀的道路，而及时地进行抑郁症病症筛查和治疗干预是避免悲剧发生的关键。

我们应如何帮助大学生走出阴霾？可以参考以下措施。

第一，加强对大学生的生命教育。

学校应开设相关的课程，对大学生进行生命意义、生命价值、生命责任等方面的教育，使学生认识到生命的可贵，识别心理危机，有效地进行自助、他助与求助。大学生应自觉地加强个人修养，克服不良的个性品质，做一个乐观开朗的人；树立正确的挫折意识，认识到在社会上不可能一帆风顺，虽然道路曲折，但是前途是光明的。另外，要重视自身能力的训练与培养，如培养适应能力、自理能力、人际交往能力、社会工作能力、解决问题的能力以及克服困难的能力等。

第二，预防年轻人自杀悲剧，学校、家庭和社会应携手努力。年轻的生命以极端的方式结束，令人惋惜。而在这些悲剧背后，学校、家庭乃至整个社会恐怕都难辞其咎。事实上，在社会快速发展的光鲜外表下，在经济繁荣给年轻人带来物质满足的同时，敏感、脆弱、抑郁倾向等心理问题亦同时快速增加。另一方面，伴随高校扩招，学校除了关注学生专业知识培养外，还理应扮演好"导航者"的角色。而大学生的家人也要给予他们更多的关爱、理解与尊重，加强对大学生心理健康的重视。

第三，抑郁症就像是感冒、发烧一样的疾病，感冒就要看医生，抑郁症也是，而且越早看越容易治愈。有关研究认为，成年期抑郁症在青少年时期已发病。对于像小王一样的大学生群体而言，应该要对抑郁症有一个理性的认识。为避免并发症甚至更严重的后果，要在青少年时期就要养成自我心理觉察的习惯，进而及早地去寻求心理医生和心理咨询师的帮助。

参 考 文 献

［1］刘新民．大学生心理健康的维护与调适（第4版）［M］．北京：中国科学技术大学出版社，2020．

［2］叶升尧．阳光青春美丽心灵［M］．上海：上海交通大学出版社，2020．

［3］胡堪东，常春英，等．大学生心理健康教育［M］．天津：天津教育出版社，2015．

［4］于丹丹．心理健康教育［M］．北京：北京理工大学出版社，2017．

［5］徐玉芳，张丽霞．大学生心理健康教育［M］．郑州：河南大学出版社，2014．

［6］陈发祥．大学生心理健康教程（第2版）［M］．合肥：合肥工业大学出版社，2017．

［7］刘文敏，高燕，赵丹．大学生心理健康教育［M］．南京：东南大学出版社，2015．

［8］张英莉．大学生心理健康教育［M］．北京：北京理工大学出版社，2019．

［9］刘建锋，石静．大学生心理健康教育［M］．上海：上海交通大学出版社，2020．

［10］李锦云，等．大学生心理健康辅导［M］．北京：北京理工大学出版社，2020．

［11］李婷婷．积极心理学视角下的大学生心理问题探析［M］．北京：中国书籍出版社，2020．

［12］赵建芳．大学生心理健康教育［M］．沈阳：东北大学出版社，2017．

［13］欧阳晓晶，董菁．大学生心理健康教育［M］．北京：北京工业大学出版社，2019．

［14］王天哲．大学生心理健康教育［M］．西安：西北大学出版社，2019．

［15］李志凯．大学生心理健康［M］．成都：电子科技大学出版社，2017．

［16］马立骥．大学生心理健康教育与实训［M］．上海：上海交通大学出版社，2020．

［17］陈济川．大学生心理健康教程［M］．厦门：厦门大学出版社，2013．

［18］宋岩，何磊，杨蕴．新编大学生心理健康教育［M］．广州：华南理工大学出版社，2012．

［19］徐隽．大学生心理健康教程［M］．上海：上海交通大学出版社，2017．

［20］俞佳，钱水芳．大学生心理健康实践手册［M］．上海：上海交通大学出版社，2018．

［21］郑应霞，甘琳琳．人际关系心理学［M］．武汉：华中科学技术大学出版社，2020．

［22］朱俊勇．珞珈博雅文库·武大通识教材　性与健康［M］．武汉：武汉大学出版社，2019．

［23］张海婷．高职大学生心理健康教育［M］．北京：北京理工大学出版社，2020．

［24］许斌华．心理健康教程［M］．北京：北京理工大学出版社，2019．

［25］胡永松，张娜．高职学生适应力训练与团队建设　创新读本［M］．北京：国家行政学院出版社，2018．

［26］刘嵋．大学生生命教育教程［M］．北京：北京理工大学出版社，2020．

［27］单津辉，周燕琴．大学生心理健康教育［M］．北京：北京理工大学出版社．2014．

［28］马先进，李崇银．析案话防　大学生安全教育必读［M］．济南：山东人民出版社，2013．

［29］张秀娟．大学生心理健康教育［M］．北京：人民邮电出版社．2020．

［30］苏碧洋．大学生心理健康教育与辅导［M］．厦门：厦门大学出版社．2019．

［31］徐英杰，陈凯．大学生心理健康［M］．厦门：厦门大学出版社，2020．

［32］余毅震，等．医学心理学［M］．武汉：华中科技大学出版社，2020．

［33］孔维民．心理学［M］．合肥：安徽大学出版社，2020．

［34］张曼华．普通高等教育"十三五"规划教材　大学生心理健康教育（第2版）［M］．南京：江苏凤凰科学技术出版社，2018．

［35］冯宪萍．大学生心理健康教育［M］．济南：山东人民出版社，2019．

［36］张梅英．大学生心理健康问题及调适探究［M］．北京：中国商务出版社，2016．

［37］王万山．大学生心理健康教育［M］．北京：现代教育出版社，2012．

［38］项新求，高桥．大学生心理与心理健康［M］．北京：中国建材工业出版社，2000．

［39］何少群．大学生恋爱受挫教育引导案例探析［J］．科教文汇，2020，485：1－2．

［40］张爵宁．高校学生干部的心理困惑与告退现象原因分析［J］．

校园心理，2010，（3）：183－185.

［41］刘昭．其实，我不想引诱你——从晓琳的案例谈表演型人格［J］．心理与健康，2020（11）：21－22.

［42］李春艳，夏可灿，张新艳．多媒体视角下大学生树立正确恋爱观案例分析［J］．教育时空，2020（15）：51.